走进军营村

——高求来讲述山村巨变

刘 栋 郑敬夫 陈少华 谢秋莲 ◎ 编著

中国出版集团
中国民主法制出版社

全国百佳图书
出版单位

图书在版编目（CIP）数据

走进军营村：高求来讲述山村巨变 / 刘栋等编著. —
北京：中国民主法制出版社，2023.9

ISBN 978-7-5162-3222-4

Ⅰ.①走… Ⅱ.①刘… Ⅲ.①农村－社会主义建设－
研究－同安区 Ⅳ.① F327.575

中国国家版本馆 CIP 数据核字（2023）第 188337 号

图书出品人：刘海涛
出 版 统 筹：石　松
责 任 编 辑：刘险涛

书　　　名／走进军营村：高求来讲述山村巨变
作　　　者／刘　栋等　编著

出版·发行／中国民主法制出版社
地址／北京市丰台区右安门外玉林里 7 号（100069）
电话／（010）63055259（总编室）　63058068　63057714（营销中心）
传真／（010）63055259
http:// www.npcpub.com
E-mail: mzfz@npcpub.com
经销／新华书店
开本／16 开　710 毫米 ×1000 毫米
印张／14　　**字数**／170 千字
版本／2023 年 10 月第 1 版　　2023 年 10 月第 1 次印刷
印刷／廊坊市海涛印刷有限公司

书号／ISBN 978-7-5162-3222-4
定价／80.00 元
出版声明／版权所有，侵权必究。

序

——留住历史的涛声

今年"五一"国际劳动节，正在乡下的我，接到了集美大学戴嘉树教授的电话。他告诉我，由集美大学（同安）乡村振兴研究院组织编著的《走进军营村——高求来讲述山村巨变》一书，已完成第五次校稿，即将付梓；他知道我和老支书相识多年渊源颇深，希望我也写点体会。戴嘉树教授口中所说的"老支书"，就是这部书的口述者高求来老先生。有关他的介绍，书里已多有涉及，媒体也多有报道，我就不再饶舌。

时光飞逝，转眼间，已经过去20多个年头，但我与老支书交往的点点滴滴，却依然历历在目。

我曾于2012年夏天、2019年秋天、2021年春天先后三次上山拜会老支书，他非常热情地接待我住到了他家里。连续三个晚上，我们煮茗当酒醴，促膝长谈。

回忆起1995年秋天，我们第一次相见的情形。那时候，他已担任村支书整整26年，但在我眼中，他具备了中国农民典型的性格：勤劳、忍耐、智慧。

也正是因为他的智慧，才使得他在村支书任上度过了 28 载，一步一个脚印，带领全体村民蹚出了一条富民强村之路。而那一年，我正好在同安县（现同安区）挂职任副县长一职，分管文教工作。当时，恰逢九年义务教育验收，我曾多次走访当地的一些贫困村，见到老支书时，他咬紧牙关决心改变军营村教育的落后面貌，给我留下了深刻的印象，也给我诸多启发。

畅谈过后，我走到老支书家三楼的阳台，放眼望去，深夜的天空格外美丽，我不由得想起老支书常常对我说的一段话："只有全心全意为老百姓做事，才能赢得大家的尊重与信任。这是作为一名共产党员的使命与责任。"他是这样说的，也是这样做的。卸任村支书后，他 26 年如一日，依然继续为建设美丽乡村无私奉献着。

所以，当我看到这本书稿，感动之余也充满了激动，它貌似像是一部村史，但也是我国广大农村的一部缩影，代表着老支书对乡村的一种深厚的感情，同时也是军营村建村以来一项较大的文化工程，很值得我们学习。

如果一定要说，本书有什么特点的话。我以为，可用八个字来概括：见微知著，见端知末。作为山村巨变的见证者、开拓者和建设者，拥有近 60 年党龄的老支书，对军营村的一山一水、一草一木了如指掌，他以一位老农民平实朴素的语言，结合自己 80 余载的人生经历，讲述了军营村五百来年的历史沿革。尤其改革开放以来，军营村从早期筚路蓝缕的艰辛创业到如今民富村强的美丽蝶变，从早年不可名状的"鸭屎村"到如今遐迩闻名的全国文明村和全国乡村治理示范村的发展，他如数家珍，娓娓道来，言语中透露着欣慰和自豪，让读者在潜移默化中，感悟军营村岁月的沧桑，领略军营村历史的风采。

本书通过运用实地、实人、实事、实访，由老支书讲述了那些过去的故事与亲身经历，将隐藏于村头里巷间的红色印记重现于世人眼前，这是一种新颖的方式。担纲这一寻访口述记录任务的是集美大学（同安）乡村振兴研究院，他们派出精良的采访团队，深入村里，踏进农户，一案一例仔细采访，一人一事深入探究，使老支书的口述更加生动鲜活，史实返璞归真。书稿雏形清样出来后，他们又认真地屡次校核，慎重审阅修改，令新书在准确性、真实性方面更胜一筹。

前不久，当我再次来到军营村，漫步在村子里那条清澈见底的小溪边，看见波光粼粼的溪水，它就像丝绸上的细纹，光滑干净，滋润着溪岸人家，鹅卵石铺就的古道沿着溪流向前，时宽时窄，时曲时直，我不禁想到"留住历史的涛声"这七个字。是的，历史是我们前进的基石，前行的动力，每个人都有责任和义务记录和传承我们民族的历史和文化，让历史的涛声在我们心中回响。这本书的出版，不也恰好印证了这个道理吗？

厦门市委宣传部原副部长，厦门日报社原党委书记、社长李泉佃

2023 年 5 月

前　言

　　作为厦门市农村面积最大、农业人口最多的行政区，同安区是厦门实施乡村振兴战略的主战场。集美大学乡村振兴研究院作为一个办在厦门经济特区的高等院校下属的研究机构，自然而然更关注特区乡村振兴推进情况，也从建院之初就将特区乡村振兴样板研究作为研究院的重点工作之一。2021年3月19日，集美大学（同安）乡村振兴研究中心就在厦门市同安区委同安区莲花镇军营村正式启动。近些年来，集美大学不仅参与军营村、白交祠村等乡村文化提升的工作，还助力同安区乡村振兴、乡村文旅产业规划运营，合作成立了产学研基地、学生实践基地等。同时，在区政府的支持下，该中心还启动了《同安乡村文化丛书》编撰工作，目前已陆续出版了《特区高山样板：白交祠村》（武汉大学出版社，2021年）、《独特的乡村文化形态：竹坝农场》（武汉大学出版社，2021年）、《脱贫致富的乡村典范：军营村》（武汉大学出版社，2022年）。

　　2023年4月1日，中共中央《关于在全党深入开展学习贯彻习近平新时代中国特色社会主义思想主题教育的意见》正式出台，根据党中央部署，"学思想、强党性、重实践、建新功"是这次主题教育的总要求。《人民日报》上的《打牢乡村振兴的基础》一文指出："攻坚克难的过程就像钉钉子，不是一锤子就能钉好，而是需要干部群众坚持一锤接着一锤敲，才能打牢乡村振兴的基础。"看到这篇文章，我们想起了在创作《脱贫致富的乡村典范：军营村》一书时采访曾在军营村担任村支部书记长达 28 年、德高望重的老支书高求来，这位在部队当了 7 年兵后于 1969 年 3 月 16 日从部队退伍回到军营村，而后便扎根军营村，并于几天后的 3 月 23 日，经过支部选举被推选为村支部书记。别人新官上任三把火，他新官上任时立誓做好三件事——水、电、路。但要做好这三件事，在那个年代是何其困难。记得接受我们采访时，他说过的一句话："理论学习至关重要，但如何落到田间地头？就是要走出办公室，走向基层，在调查研究中自然会获得答案。"在他眼里，调查研究，是做好各项工作的基本功，也是习近平总书记多年来一以贯之的坚持。从干了 28 年的村党支部书记位置退下来之后，高求来已经把建设好军营村，服务军营村村民看成他毕生的使命，他经常跟我们讲这么一句话："每天看着村子一天天变好，我心里特踏实。"是啊，人其实都在追求着踏实的工作、踏实的生活。今天的他，主动挑起了主持老人协会的重担，成了维持村容村貌的"最佳保洁员"，当起了高山党校的"义务讲解员"。在全国上下大兴调查研究之风、深入开展学习贯彻习近平新时代中国特色社会主义思想主题教育之际，当我们再上军营村，我们突然意识到，将大半辈子奉献给高山村的高求来，不就是这两方面的最好践行者吗？军营村能发展成今天的崭新面貌，不也得益于此吗？没有习近平总书记两上高山，没有脱贫攻坚、乡村振兴国家战略的先后实施，哪有军营村的今天？

为此，我们研究院决定在创作《脱贫致富的乡村典范：军营村》一书时所采访、整理出来的素材基础上，在集美大学和厦门市乡村建设促进会的大力支持下，组织全院骨干再赴军营村当一回高求来的特殊学员，与他同吃同住 15 天，听他这位"金牌"义务讲解员讲述他眼中的军营村，讲述村史，讲述如何在调查研究、问题导向的基础上走出特区山村发展新路子，讲述新时代军营村的发展变化，讲述军营村激励人心的乡村蝶变历程，讲述军营村为丰富习近平生态文明思想提供的鲜活素材和实践案例。

集美大学乡村振兴研究院

厦门市乡村建设促进会

2023 年 5 月 6 日

概　述

　　福建省厦门市同安区莲花镇境内的军营村，曾一度是厦门最贫穷的高海拔村，经济基础相当薄弱。近年来，在上级各部门和领导的关怀下，在村党支部和党员干部的带动下，以及全体村民的共同努力下，军营村大力修复生态林，对居屋进行了平改坡，对大量基础设施进行了改善，拓展和丰富了乡村旅游的计划和内涵。总之，经过长期的艰苦奋斗，现在的军营村，已经是远近闻名的"生态村""文明村"，也是人们喜闻乐见的"旅游乡村"。

　　军营村能发生如此喜人的大变化，究其原因，是村党支部作为基层领导班子起到了关键性的"内因"作用。具体来说，军营村党支部的做法有以下四个方面。

　　一是抓党建，图振兴。军营村过去号称人穷、地穷、日子穷的"三穷村"，村里连条像样的道路都没有。1986年和1997年，习近平总书记曾先后两次走进军营村，深入农户访贫问苦，同干部群众共商脱贫致富之路。三十多年来，军营村十届党支部书记带领党员干部坚持守护绿水青山，一任接着一任干，他们坚持践行习近平总书记提出的"种茶种果，也别忘了森林绿化，要做到'山上戴帽，山下开发'"的绿色发展理念，以"四在一线"（即调研、问计、讨论、问效在一线）、"四下基层"（即信访接待、现场办公、调查研究、宣传党的方针政策下基层）为方法，乘着"五位一体"（即从经济、政治、文化、社会、生态文明五个方面，制定新时代的战略目标）总体布局、美丽乡村建设、实施乡村振兴战略的东风，在脱贫攻坚道路上砥砺前行，走出了一条守望高山致富路。

二是抓产业，促增收。军营村始终牢记习近平总书记提出的"山上戴帽，山下开发"的绿色发展理念，采取"公司＋农户"的模式，促进产业发展和经济创收。军营村现有保护公益林4100余亩、生态化改造老茶园6500余亩，且更新优质品种，在茶园内套种果树，保持有机、绿色、生态、环保优势；与百利种苗等现代农业企业建立合作关系，建设48亩"军营红"番茄基地，通过发展现代都市农业实现第一、第三产业融合；村里一半以上的家庭参加了"西营茶社"，村民自产茶叶实现了质量控制、商标共享、联合销售，扩大了经济效益；社会和企业合作扩大了云山茶业、恒利茶叶等龙头企业，以"公司＋基地＋协会＋农户"的模式带动了当地及周边茶农和茶园茶业的发展。由于地处厦门市、泉州市和漳州市的交界处，加上固有的土壤和品种优势，再加上高原气候、温差等后天优势，军营村生产的浓香型铁观音已经成为高山茶的"拳头产品"，大大增加了村民的收入。

三是抓环境，创造美。军营村作为厦门市唯一省级人居环境改善示范村，通过政府扶持与农民自主参与相结合的方式，着力于环境和景观的综合改善，解决了规划建设混乱、环境脏乱差、配套设施不完善等突出问题，成了建设布局合理、房屋美观、环境整洁、配套设施完善、工业发达的人居环境改善试点村。生活环境的改善不仅增强了村民的宜居意识，保护了军营村的青山碧水，而且吸引了更多的游客，为"富美军营"的实现奠定了基础。

四是抓旅游，生态化。军营村在习近平总书记"乡村振兴、绿色发展"理念指导下，以党建为导向，以旅游文化创新为手段，建设"党建主题乡村振兴示范区"和文化驱动的"高山乡居村落型休闲度假区"，通过努力发掘政治文化、生态文化、乡村文化和传统文化，激活厦门高山乡居旅游产业，以产业繁荣带动村民致富，打造"近者悦远者来"的乡村旅游目的地。军营村还充分利用自然资源，打造了"闽南小九寨"的七彩池、厦门市海拔最高的防空哨所；半亩方塘、省级非遗莲花褒歌；立志石、关帝庙；九龙溪（又名中心溪）、尪公宫（又名龙圣宫）等众多的自然与人文景观。同时，军营村还深入挖掘并传播莲花褒歌等莲花本地优秀传统文化，建设村社区书院，举办"村晚"、乡土马拉松、高山自行车赛等特色活动，用接地气的方法讲好莲花故事，不断提高村民文化素质，使传统文化结出新的成果。

事实上，军营村的巨大变化，也有赖于军营村的绿色生态资源优势和厚重的人文历史积淀。军营村现有4100亩生态林，和白交祠村共同享有24000亩的青翠山地。同时地处厦门市、漳州市、泉州市的交界处，在地理条件上就能吸引到三市的游客。而环境清秀、植被丰富的自然环境和茶业发展的优势更是有利于军营村发展乡村旅游业。

更为重要的是，习近平总书记曾经两次到军营村调研并给出发展建议，军营村干部群众牢记习近平总书记的谆谆嘱托，践行初心使命，大力发展乡村旅游、绿色产业，走出了一条具有自身特色的产业脱贫路、生态脱贫路，不仅变身为远近闻名的"生态村""文明村"，还成为农村基层治理和乡村振兴的样板。近年来，荣膺了全国"一村一品"示范村镇（茶叶）、中国最美休闲乡村、全国文明村、全国乡村治理示范村、福建省金牌旅游重点村、福建省生态村、福建省美丽乡村文明建设示范村等多项称号。

军营村坚持绿色发展理念，已经从"输血式"帮扶向"造血式"发展转变，成为乡村振兴的一个生动范例。如今，军营村正着力打造"党建主题乡村振兴示范区"和"高山乡居村落型休闲度假区"，推动民宿、高山特色露营地以及体验类项目的开发。节假日期间，高品质的高山民宿人气暴涨，一房难求，成为军营村新的靓丽名片。

目　　录

第一章　村史概述：村落概貌与历史沿革

我叫高求来，出生于 1940 年，1962 年入伍，1964 年在部队入的党，至今已有 60 年的党龄，现在也已年过八十了，是名副其实的"80 后"。除了在部队当兵的 7 年外，我主要的时光都在军营村生活、工作，在军营村做了 28 年村支书，1997 年卸任村支书后，担任军营村高山党校的讲师，并兼任了村老人协会会长。

我是土生土长的军营村人，对家乡有着深厚的感情，是军营村从贫穷走向富裕的见证者、参与者和亲历者（见图 1-1）。

图 1-1　军营村高山党校讲师，军营村老人协会会长高求来

作为军营村巨变的全程见证者、参与者，我就结合自己 28 年村支书、20 多年老人协会会长以及高山党校义务讲解员的工作经历、工作心得，为大家介绍一下军营村的历史概况、环境资源，讲讲军营村激励人心的蝶变过程。

军营村地处福建省厦门市同安区莲花镇内，明末清初时期，这里是个军营，郑成功曾在此驻军练兵，从此，"军营"二字就一直作为村名流传了下来。

军营村是生我养我的地方，这里曾一度是厦门区域内最贫穷的村庄，道路崎岖不平，信息极度闭塞，交通不畅，海拔高，经济基础差，被外界叫作"高山偏远贫困村"。改革开放之后，村干部带领全村共同努力，着力修复生态林，提高和优化了农作物产量和品种，加强完善了道路基础设施，引导村民做好合理的产业配置，促进产业多样化，对居屋进行了平改坡的改造，并重点规划发展乡村旅游业，逐渐建成了如今远近闻名的"生态村""文明村"，2021 年司法部、民政部公示的第八批全国民主法治示范村（社区），就有我们村。

第一节　村落概貌

军营村坐落在厦门市第二高峰"状元尖"脚下，总面积 12 平方公里，平均海拔 900 多米。全村下辖 9 个村民小组，总户数 303 户，共 1069 人。

军营村又被称为"高山村"，大家亲切地称她是全厦门距离星空最近的地方。在夏季，这个地方的气温长期比市区要低 6℃—8℃；春秋时节，云雾缭绕、空气清新；而在冬季，您会看到，时有雾凇这样的奇妙现象出现在高山村。在闽南地区，因为凛冽的寒风气候比较少见，春暖花开的景象才是她们的常态，因此，在冬季，军营村就成了厦门人体验冬景的好去处。

军营村是厦门最边远的村庄之一，离莲花镇镇政府所在地 20 多公里，到同安城区 30 多公里，距厦门市市区则有 70 多公里，但距离泉州市安溪县大坪乡却只有 5 公里。从人文地理角度来看，安溪大坪乡与厦门莲花镇山区是连为一体的，它们共同构成了一片海拔 700 米以上的高山茶区。

第二节　历史沿革

军营村在清代隶属于同安县（即今同安区）感化里上陵保，明末清初，军营村是一个军营，郑成功曾在此驻军练兵，这也是"军营"之称的由来。改革开放之前这里叫"军营堡"，改革开放以后改称"军营村"。

可见，"军营"之名由来已久。据村里的老人回忆，该村建村历史可追溯到四五百年前，这与明末清初郑成功在此驻军的时间节点十分吻合。依现存的有关史料和历史物证，要对军营村进行溯源，可能有些困难，但军营村位于同安区莲花镇西北部，与漳州长泰、泉州安溪成掎角之势，紧邻南安市，地理位置十分突出。还有，其当初作为东南沿海地区重要军事防御基地的说法，也是比较可信的。况且军营村所在位置，地势平坦、视野开阔，非常适合驻扎军队和作为操练军队的营地；再加上周边地势高峻险要、易守难攻，便成为军事重地的理想目标。

军营村曾是习近平同志当年在厦门工作时，访贫问苦的偏远山村之一，他在这里提出的"山上戴帽，山下开发"八字朴实语言，已成为"精准扶贫"理论的源头；而后提出的"绿水青山就是金山银山"两山理论，可以看作是从这里开始孕育的。

现在，军营村已是远近闻名的"生态村""文明村"，还获得了"全国文明村""福建省金牌旅游村"等荣誉；2020 年 6 月，军营村所在镇莲花镇被列入福建省省级乡村治理示范乡镇名单；2021 年 2 月，司法部、民政部公布了军营村为第八批全国民主法治示范村（社区）之一。

第三节　村党组织

军营村党支部目前下设 4 个党小组，共有党员 41 名。中华人民共和国成立后的军营村历任支部村委主要干部，都秉持着敢为人先的开创精神，以及无私奉献的精神，为军营村的道路开辟、水库修建、民生发展而呕心沥血（见表 1-1）。这一优良传统，自 20 世纪 60 年代末以来，是各届书记干部，保持不变的本色。

一直以来，军营村都非常重视发挥党支部的核心引领作用和党员的先锋模范作用，并带动各方力量一同参与乡村的建设，在乡村建设的大潮大浪中，促进村民自我意识的提升和管理，共同进步，逐步构建起丰富多彩的党群服务体系，探索出"一核多元、共享共治"的服务型党组织模式。在上级党委及政府的大力支持和村党员干部群众的共同努力下，队伍建设得到进一步加强，村民收入随之大幅提高，民生保障和公共基础设施日趋完善，文化生活丰富多彩，村庄面貌焕然一新。

表 1-1　军营村建国以来历任村两委主干任职情况

时间	职务	姓名
1956—1958 年	西营乡初级社、高级社书记	高火艾
1956—1958 年	西营乡初级社、高级社乡长	高桂清
1958—1960 年	军营大队党支部书记	高火艾
1958—1960 年	军营大队大队长	高桂清
1960—1969 年	军营大队党支部书记	苏堀
1960—1977 年	军营大队大队长	高桂清
1969—1984 年	军营大队党支部书记	高求来
1977—1984 年	军营大队大队长	高泉吉
1984—1997 年	军营村党支部书记	高求来
1984—1997 年	军营村村委会主任	高泉国
1997 年 6 月—1998 年 1 月	军营村党支部书记	周国忠
1998 年 1 月—2000 年 6 月	军营村党支部书记	高清根
2000 年 7 月—2009 年 6 月	军营村党支部书记	高泉国
1997 年—2009 年 9 月	军营村村委会主任	高泉阳
2009 年 6 月—2018 年 10 月	军营村党支部书记	高泉阳
2018 年 10 月—2020 年 3 月	军营村党支部第一书记	高泉阳
2018 年 10 月—2021 年 10 月	军营村党支部书记	高泉伟
2009 年 10 月—2021 年 11 月	军营村村委会主任	高泉伟
2021 年 11 月—今	军营村党支部书记、村委会主任	高泉伟

第四节　社会团体

军营村的社会团体主要有老人协会、村民理事会、返乡青年创业联盟、高山党校、志愿服务队、巾帼志愿服务队、集美大学（同安）乡村振兴研究中心等。

老人协会是由村里较有威望的老人组成的，负责乡风民气的文明建设，包括倡导移风易俗、开展扫黑除恶和法制宣传、维护村容村貌等工作。我本人自1997年从村支书的岗位上卸任后，就主动担任老人协会会长一职，这是一个全靠责任和使命支撑的职务。我出生在军营村，在军营村长大，大半生也奋斗在军营村，退休了继续在军营村发挥余热，是我不变的初心，也是我的使命。

村民理事会是由村里各宗族推举的有一定声望的村民组成的，理事会的职责是监督和配合乡村振兴和乡村治理，推动工作顺利开展。

返乡青年创业联盟的主要职能，是带领青年村民谋求更多的发展空间。该联盟成立至今，已吸引和凝聚了30多个青年陆续返乡创业。联盟倡议，成员可以充分发表自己的看法，提出建设性的建议，献策献力献计，助推乡村永续发展。

高山党校成立于2016年，至今已举办培训班300多期，500多个班次，学员近3万人，吸引超过50万名党员群众到此学习考察。目前，在军营村的同安高山党校初心使命馆，已被省委党史学习教育领导小组办公室列为教育基地，是全省100个党史学习教育参观学习点之一。在初心使命馆里，一张张高山村变化发展的对比照片，一个个由亲历村民讲述的故事，通过文字、影像、实物再现等形式，生动展示了"两上高山情缘"和两村（军营村和白交祠村）在党和政府的关心支持下，一步步脱贫的足迹。

志愿服务队成立于2016年6月24日，是厦门市同安区委领导下的一个组织。该团队总人员有100人之多，正式成员37人。目前该团队联络人是陈佳榕同志。

巾帼志愿服务队成立于2016年12月5日，是厦门市同安区委领导下的另一个志愿组织。该服务团队人员目前有12人，正式成员10人，联络人是高彩华同志。

集美大学（同安）乡村振兴研究中心是集美大学牵手同安区于 2021 年 3 月 19 日在军营村设立的。研究中心凝聚起一支乡建专家智库团队，今后将在乡村文化振兴、农业人才培育、示范村打造、科研成果转化、高端智库咨询和学术成果交流等方面加强校地合作，助力同安乡村振兴战略的实施。

第五节　村民委员会

军营村村民委员会成立于 2002 年 5 月 10 日，办公室地址位于军营村军营 133 号。在职员工 6 名，目前联系人为高泉伟同志，村民委员会主要职责是村务管理。

村民委员会还负责依法维护村民的合法权益，组织村民参与各项民主决策、民主管理和民主监督，承担村民代表大会的日常工作，检查督促村民代表决议和执行。

第二章　环境资源：自然环境与自然资源

军营村是一个山清水秀的偏远乡村，这里的水资源十分丰富，主要有牛心石水库、席草水库、七彩池水库，以及流经村里的九龙溪，军营村也是莲花溪和澳溪的发源地，对一个高山上的村庄而言，水资源还是相当丰富的。军营村全村共有 1.1 万亩面积的山地，这些山地由耕地、茶园、公益林等组成。军营村自然人文景点众多，拥有独特的文化和旅游资源。全村户籍人口大部分姓高，还有少部分姓苏和姓洪。

第一节　水文环境

莲花溪、澳溪和汀溪汇聚成西溪，西溪在东南方向流入东咀港，而后出海，它全长 34 公里，流域面积 494 平方公里，平均年流量 4.66 亿立方米。

而发源于莲花镇军营村树林寨的上陵溪，流经大祠、上陵，于水吼处汇入河田溪，史称"莲花溪"，它经新莲、溪东，于长沙处与澳溪相会。

澳溪发源于莲花镇军营村寨尖尾山（寨山），海拔 1042 米，流经云埔村后，与莲花溪相会于长沙，至草仔市与汀溪汇合，史称"西溪"。

厦门市地表水水质一直都较为良好。据环保部门水质监测数据，根据地面水环境质量标准（GB388—88）评价，绝大部分河段水质属于良好。其中，军营村所属的同安区的西溪Ⅱ类水质河段，长度占总河长的89.90%，其支流东溪有96.20%的河段为Ⅱ类水。

第二节　土地资源

军营村是厦门这座向海而生的城市中较为少见的高山村，全村山地面积1.1万亩，其中，耕地面积450亩，茶园6500多亩，公益林面积4100亩。与同处于厦门最高海拔的白交祠村一起被称为"高山村"，两村现共有生态公益林7100余亩，青翠山地24000多亩。

遍布军营村最广的是红壤土地，其主要特征是缺乏碱金属和碱土金属而富含铁、铝氧化物，呈酸性红色。红壤在中亚热带湿热气候常绿阔叶林植被条件下，发生脱硅富铝过程和生物富集作用，发育成红色，铁铝聚集，酸性，盐基高度不饱和的铁铝土，这种土壤土层较浅。目前，村里的主导产业主要是茶叶、特色乡村旅游、现代农业等，村民收入来源大多靠茶叶生产加工、地瓜种植等农作物的销售和外出务工。

第三节　旅游资源

军营村拥有独特的文化和旅游资源。除了风景如画的梯田茶园景观和古朴典雅的乡村民居外，七彩池距离村庄约3公里，四周群山环抱，湖光山色，相映成趣，被誉为"闽南小九寨"；村里有宋代著名的理学家朱熹曾到访题刻的"半亩方塘"遗址（见图2-1）；有闽南同安莲花褒歌和灯座祭天民俗活动等非物质文化遗产，另有为数可观的祖庙祠堂建筑，以及郑成功据守厦门时的村寨遗址，散落在古民居中的诸多文化旅游资源……加之地处厦门市、漳州市、泉州市三市交界处，具有得天独厚的地理优势。此外，1958年修建的高山防空哨所，已成为爱国主义和国防教育的重要基地；习近平总书记当年访贫问苦走访的村民高泉国旧居，如今已是游客及党校学员参观与现场教学的重要场地。

图2-1　半亩方塘

值得一提的是，军营村的美食也很有特色。例如，军营村的柴火灶焖鸭肉饭，采用的是村民自己放养的鸭子，这些鸭子通常放养在山地一年左右，经宰杀再作为主食材，用柴火灶慢慢焖四五个小时，方可开锅，经这么长时间的焖煮，口感润而不腻，香气扑鼻。此外，还有凤梨酥、牛轧糖等各种糕点小吃，有莲花高山茶、同安凤梨穗、同安龙眼、同安封肉、厦门漆线雕等特产和工艺品，有正午的舞龙，暗夜中空旷的篝火群阵等，这些都是能吸引到游客的旅游资源。

　　文化资源也是旅游资源的重要组成部分。闽南地处东南沿海，海外交通贸易发达。其文化虽以中原文化为主，但也受到阿拉伯文化、西方文化等外来文化的影响，最终在各种文化的融合中形成了自己独特的地域文化。

　　在厦门同安，人们有着强烈的宗族意识和故乡意识。同族同乡的大多数人在家庭翅膀的保护下，共同生活、团结发展。许多地区都有严格完善的家庭制度，强烈的群体意识已深入人心。当漂泊在外的时候，故乡的土壤、一瓶井水、一根针线，都充满了深切。它不仅具有"饮水思源，不忘故乡"的含义，而且具有"针线指引方向，不忘故乡，热爱祖国家园，早日回家"的含义。

　　闽南村落众多，独特的村落文化成为闽南的鲜明标志，也形成了具有地方特色的文化生态保护区。一直以来，民俗也是文化旅游资源的重要组成部分，各种民俗活动对非物质文化遗产的动态保护和传承起着至关重要的作用。

　　闽南方言、南音、高甲戏、漆线雕、薄饼、沙茶面、红砖楼、侨批、拍胸舞，这些生动的闽南文化符号勾勒出了闽南人精神生活的一幅长卷，生动地展现了这片土地上独特的人文精神和传统习俗。如今，福建许多地方越来越重视民间文化的发展价值，努力推动民间文化的创新发展。以我们军营村为例，在戏曲艺术方面，在闽南文化中享有盛誉的南音被列为第一批国家级非物质文化遗产。村中的"南音"每年也积极组织活动，与台湾省剧团进行交流。在建筑文化方面，军营建筑文化包括寺庙、寺庙、祠堂、古桥、石雕等，具有较高的历史价值、艺术价值和科学价值，是闽台关系的重要实物见证。

第四节　人口源流

据 2020 年人口普查数据，军营村户籍人口 303 户，1069 人。军营村人以高姓为主，还有部分苏姓和洪姓。高氏来自安溪大坪，洪氏来自同安凤岗，苏氏是同安苏颂的后裔。

高氏远祖直溯上古炎帝神农氏。炎帝育于姜水，故以姜为姓。其后姜太公助周伐纣有功，封于齐国。六传至文公，文公生公子高，其孙奚为齐国上卿，与管仲合诸侯有功，齐桓公命其以祖父名字为姓，于是有高氏（见图 2-2、图 2-3）。

图 2-2　高氏宗祠：东荣祖祠

图2-3 高氏宗祠：美厅祠

洪姓历史悠久，源远流长。据考，洪姓姓源有二：一是共氏之后；二是宏、弘、翁等氏之后。据《同安洪氏》载，厦门洪氏大多源于同安，原同安（包括翔安）洪氏有9个支派，有柏埔、金山、嶝山、马巷古山、同安古山、凤山等。9个支派以及泉州、晋江、南安、惠安的洪氏，大都在同安区境内居住、工作、经商、生活（见图2-4）。

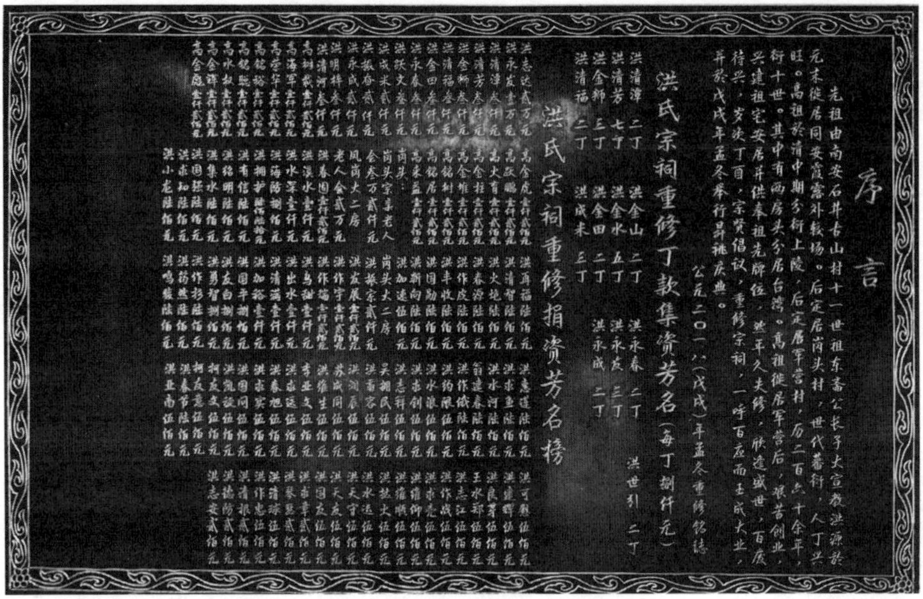

图2-4　洪氏石碑

　　根据《军营村芦圳祠重建碑记》所载，苏氏是从泉州迁入的，是最早迁入军营村的定居者。据载，先祖苏益于唐末（855年）任押卫都统使，后任泉州都统领军使。宋初，追赠上将军，武安侯。944年，苏益的第三个儿子苏光海在同安葫芦山下建造了一座二进双护厝结构的府第，并将其命名为"庐山堂"。从此，"庐山衍派"这一派系在这里创建并逐渐壮大，苏益顺理成章地成了"芦山派"始祖。而后迁居在军营村的苏氏便成为"庐山衍派"的一个分支。不过，苏氏这一分支，一开始并未直接迁入军营村，而是安居在距军营村约1公里的田间小溪旁，在这里繁衍生息，一直到清朝，因一些不知名的原因，该苏氏分支又四散于各地，其中一部分人因不舍家业，就近迁入到军营村一个叫坞仔埔的地方，在此安家落户。从此，苏氏世代守护祖先家业。这就是军营村苏氏氏族最早的起源（见图2-5）。

图 2-5 苏氏"庐山衍派"祠堂

第三章　春天的故事：两上高山，谆谆嘱托

《军营村白交祠村精准扶贫精准脱贫：穷乡绣壤致富路》一文作者刘玮在该文中说："翻开厦门地图，1699 平方公里的版图在西北角有一条狭长地带向外延伸，东北面是泉州安溪，西南面是漳州长泰，军营白交祠就在这条狭长地带上。对长期生活在厦门岛上的多数厦门人来说，这几乎算得上是全市最远的地方。历史的机缘把军营白交祠带入了人们的视野之中。是习近平同志关于精准扶贫和新农村建设的重要指示，为这两个边远山村的脱贫致富路指明了方向。"①

今天的军营村，青山绿水茶飘香、屋舍俨然人欢畅，拥有"中国最美休闲乡村""全国文明乡镇"等国字号荣誉无数，省内外游客蜂拥而至，已是一个名气、人气都很高的小村庄。很难想象，几十年前的军营村，还是一个一贫如洗、无人问津的高山村。

这一蝶变过程，与习近平同志两上高山一事密不可分。作为军营村华丽蜕变的见证者、建设者，很荣幸有机会讲述习近平同志两上高山的春天的故事。

---

① 刘玮. 军营村白交祠村精准扶贫精准脱贫：穷乡绣壤致富路［N/OL］. 2017-09-02. https://xm. fjsen. com/2017-09/02/content_20081968_4. htm.

第一节 两上高山的情缘

现在，在军营村，有一句大家都耳熟能详的话，那就是"寨尖尾山高，四斗仑溪水长，不如总书记的恩重情长"。之所以有这样的话，源于习近平总书记两上高山的情缘。

一、没想到特区高山村还这么艰苦

虽然从行政上讲，军营村在经济特区厦门的管辖范围内，可在1986年习近平总书记到访军营村之前，外界很少人知道，在经济特区内还有这么一个只有万亩光秃山地、几百亩贫瘠茶园的军营村。在当时，军营村的村民，日常过的大都是吃了上顿没下顿，只能喝一点儿稀得看不见米的粥。

村里的路也十分难走，山路坑坑洼洼，山势起伏很大。就连最近的水田也是在好几公里外的半山腰的祠堂附近，村民们每天起早贪黑、辛苦劳作，中午只能就近在水田旁生火做饭，简单应付一下肚子；由于交通条件极端恶劣，无论在田间还是山间，唯一的交通工具全靠人的两条腿。

在这样艰苦的条件下，军营村的极端气候还时常来添乱。这里的天气及气候，很不友好，冬天温度很低、平时昼夜温差较大，受气候影响，稻子和蔬菜一年只能种一季。比较适合村里栽种的是地瓜，但产量却很低。在那些困难的年代，政府常会从江西调拨少量地瓜干过来救济农民。"地瓜当粮草，孩子当背包。"是军营村村民当年生活的写照，可见生活极端的艰苦。

1986年，虽然改革开放政策提出和实施已好多年，但是军营村村民的温饱仍旧是一个大问题，在这种情况下，就更别谈进一步发展了。

在当时，军营村是同安县（即现在的同安区）最贫困的村，整个村庄共有700多人，所有收入的基础就靠种植的400余亩茶叶树。1986年，全国农村家庭人均年收入已达到423.8元，而军营村的人均年收入却仅有280元左右。更为落后的是，军营村还没有通电，全村只用一个20千瓦的小发电机进行发电，每户村民只能用一盏或两盏25瓦的电灯泡，每户每天用电时间也就几个小时。

由于贫困人口数量巨大、基础设施建设薄弱、生产资料极其匮乏、生产技术十分落后，农产品无法与市场联结，村民们没有出路，只能依据最原始的生存本能，靠山吃山，过度开发本已匮乏的自然资源，对生存环境造成破坏，这是一种恶性的循环。在这种"靠山吃山，靠水吃水"的原始生存法则影响下，大量非法砍伐树木，破坏山体植被的事情时有发生。很快，军营村周围的山变成了光秃秃的荒山，举目四望，一片荒凉。由于过度的砍伐，最终导致了军营村生态严重恶化，自然灾害频出，相应地，又导致了贫困的加剧。原来仅靠有限的山林资源而生存的军营村，因为贫穷，对周边环境资源进行肆意的掠夺，造成了更严重的伤害，使之陷入了毁灭的边沿。

还有，有关交通的问题，一直就没能理顺过，也没有找到解决的办法和途径。在1977年前的军营村，就不曾有进出村的公路，那时候的状况可以用"交通全靠羊肠道，出门全靠两条腿"来形容。从村里到县上，每一次都要走十来个小时。村民们的生活多半只能靠着一挑担子两条腿去支撑，村里所需的生产生活资料，必须经过一条羊肠小道，再到距军营村13公里开外的上陵村去置办，这样一来一往就是一整天；就连村民们的生活用水，也需要到较远的地方去汲取；收成并加工了的茶叶，同样全靠人力肩挑背扛到山外面的县城去卖。山里的环境和条件与山外相比，差距何止一万八千里，尤其教育，更是一个无解的答案。在山里，小孩辍学是个普遍的现象，如此状况，想让城里的老师上山来办教育，成吗?

1975年到1977年两年间，在县里的支持和乡亲们的努力下，从上陵村到军营村村口并出了一条12公里长的公路，这是军营村历史上第一条通村公路。自此，村民们进出山村，在使用交通工具方面，就多了一个选择，即农用手扶拖拉机可在这段公路上行驶。即便如此，运力仍然相当有限，以至于这种禁止载人的拖拉机，常常得"先拉货再拉人""既拉货也拉人"，若是碰上雨天，公路变成泥泞路，运输工具就要由拖拉机换成人力推车。这种现象，对于当时军营村的人来说，不过是家常便饭而已。

在邓小平同志提出改革开放的政策后，大家都认为，军营村要想实现脱贫致富，那可真是山长水远步步难哪。

然而，未曾想，这个艰难又棘手的问题居然迎来了天大的转机。这个转机，就得益于上级领导坚持问题导向、坚持调研实践的思想和方法。

二、一上高山，"三认"找根源提思路

实践决定认识。调查研究是马克思主义实践观的根本要求。而调查研究方法的运用，也给军营村带来了极大的好处，对此我深有体会。1985年6月，习近平同志调到厦门经济特区担任市委常委、副市长。在厦门工作的3年中，他走遍了厦门大大小小的村落和海岛。

（一）坚持问题导向

我清楚记得，习近平同志到任的第三天，就来到了我们同安县（今同安区）进行调研。民间常说"古同安，今厦门"，意思是"未有厦门，先有同安"，今天的厦门就是从古同安发展而来。要认识厦门、了解厦门，就必先了解千年古城的同安。当时的同安，并不是现在大家了解的"同安区"，而是改制前的"同安县"。那时的同安，不过是一个经济发展极其落后的农业县。此外，因历史上经过四次归属变更，使得同安县的建制屡遭误解，始终无法明确或稳定下来，客观上导致了县域内的社会情况跟着变得相当复杂。再者，同安县辖区范围大，县域内有很多高山，而众多的村庄又基本坐落在深山里，正是这诸多原因，致使村民的生活长期处于落后贫困状况。

大家应该都记得，2013 年的时候，习近平总书记说过这样的话："中国的发展既要绿水青山，也要金山银山。宁要绿水青山，不要金山银山。绝不能以牺牲生态环境为代价换取经济的一时发展。"其实早在 1985 年，习近平总书记来厦门工作的时候就不断地强调，一定要注重环境保护，一定要保护好老祖宗留下来的东西。

（二）认路、认邻、认特点

我们军营村能有今天，在很大程度上得益于实实在在的调查研究，得益于习近平总书记不断地坚持问题导向的工作方法。当时的军营村为什么穷？诸如，远离市区、道路不通、流水不畅……这些在高海拔的村庄，问题尤其突出。因此，当 1986 年 4 月 7 日上午，习近平同志来到我们军营村调研的时候，我们就预感到军营村贫穷落后的面貌将很快得到改变。习近平同志第一次来军营村的画面，我至今还历历在目。那个时候军营村的路全是土路，不但到处坑坑洼洼，还十分险峻。山里的路通常一边是高山，另一边是深坑。习近平同志一行一路颠簸着来到了村口拱桥边，车子就无法开进来了。当时连接拱桥的是一条只有一米六宽的土路，于是只好把车停在拱桥边，然后大家走路进村。

当时的路，不但车子无法行驶，就连步行也有些困难。到了村部之后，习近平同志也不休息，就让村干部带路，直奔田间地头。一路上，仍然泥泞得很，但他根本不在意，只是不断地问着村里的问题，还不时地抬头观察村子四周的情况。

习近平同志当干部有"三认"：认路、认邻、认特点。他认为，连路都不认识的话，就别提办事了；而说到认邻，就是要和当地的群众、老百姓交朋友；至于认特点，就是得搞清楚这个地方有什么样的特色、那个地方有哪些资源，这些都要心中有数。

第一次来军营村调研，习近平同志就是这样，一路走一路"认"一路聊。

经过一番翔实细致的调查之后，习近平同志结合军营村的实际情况，提出了"多种茶、多种树，发展第三产业，早日脱贫致富"的发展理念。

与我们军营村情况大体相同的，是隔壁村的白交祠。如今，从军营到白交祠有 606 路公交车直达，自驾的话 10 多分钟。但是如果在过去，两村的距离却是咫尺天涯。

习近平同志来军营村的时候，也去了白交祠村。白交祠村当时也没有任何一条公路，只有又陡峭又狭窄的黄泥路。

在之后的座谈会上，习近平同志指出，山区有着很大的潜力，我们有现成的几十万亩山地等待开发，群众也都在迫切地等着。发展山区，首先，要发展思想，振奋群众的精神，做到既扶贫又扶志；其次，百姓要以自力更生、自产自救为主要措施，不能完全靠资金扶持和政府其他方面的帮助；再次，要做出细致完备的规划，认清情况、分级负责、分批治理；从次要耐心指导，落实到每一村每一户，不能一刀切；最后还要加强领导，提高干部自身的素质，各级领导既要引起重视，也要改变作风，更要充实力量。

三、二上高山，提出"山上戴帽，山下开发"

习近平同志在一上高山回去之后，就一直牵挂着军营村的发展情况。1997年7月14日，习近平同志再度来到我们军营村。

这个时候的军营村，路已经拓宽了，汽车可以直达村部，农民的年收入已经得到了大幅度提升，但当习近平总书记发现种有柿子林的山顶上光秃秃的，且茶园种得也不太整齐，便给大家提出了"山上戴帽，山下开发"的指导意见，他说，茶园果林的发展固然很重要，但是无论什么时候都不能丢了绿化，我们应该"既要金山银山，更要绿水青山"。

第二节　军营村的蝶变

几十年来，军营村不忘习近平总书记的关心，在福建省厦门市同安区党委和政府的大力扶持下，村民团结一心，村里的干部积极实施党建引领，牢记习近平总书记村庄发展指导思想，走出了特区贫困乡村的特色发展之路。正是习近平总书记的两上高山情缘，以及他把调查研究作为破解难题之道和坚持问题导向的方式方法，通过实地调研，弄清楚村里所面临的现实问题及提出破解难题的指导思想，才造就了今天的军营村！

一、第一桶金

一上高山时，习近平总书记结合军营村的实际情况，提出了"多种茶、多种树，发展第三产业，早日脱贫致富"的先进发展理念。根据这一指示精神，大伙铆足了劲儿，开始向山地进军，种茶种果，向山地要经济效益。

开始时，村民们虽然有大方向的指引，但心里依旧没底气。大家都在想，像军营村这样的气候和水土该种什么果树？什么样的水果有市场、利润大？事实上，习近平总书记并非纸上谈兵，他不仅为军营村的脱贫致富指明了大方向，而且还亲自落实，联系了当时同安县的水土保持委员会办公室，为军营村调拨来一批广西的无籽柿子的幼苗，并指示县农村工作办公室为军营村申请了 3 万元的扶贫配套资金。

有了习近平总书记的关心和帮助，以及县里的大力扶持，这就兼备了"大方向"和"小细节"两个法宝，军营村的村民个个充满希望，干劲十足。村民们大干特干，上山开垦土地，在较短的时间里就种植了约 250 亩的广西无籽柿子。此外，村民们用那 3 万元扶贫资金修建了果林管理房。

这片山地栽种的广西无籽柿子树，是当时国内最好的柿子品种。在栽种了几年后，于 1990 年，村里以每年 8000 元的租金将这片柿子林承包出去，自此，军营村有了第一笔大额集体收入。这就是我们军营村财政收入的第一桶金，它为我们村的脱贫致富工作，奠定了坚实的基础，可谓功高至伟！

二、茶园经济、生态建设两不误

高山茶是我村村民的另一个主要经济来源。平常，村民们的主要收入都是靠茶叶的种植和销售。即便如此，在 1986 年时，全村茶园面积也仅 400 多亩。为了增加村民的收入，我们首先想到的还是开荒种茶，扩大种植面积。从最早已开垦种植的几百亩茶园，到 1990 年的 1000 多亩，而到了 1997 年时，全村的茶园种植面积已经达到了 2600 亩，与此相应的，村民的经济收入也大幅地增加了。

二度视察军营村时，习近平总书记主要讲发展思路。从一开始的"多种茶、多种树，发展第三产业早日脱贫致富"的理念，到明确为"山上戴帽，山下开发"的可持续发展战略，已经有了一套完整清晰的发展致富理论。先是要给大山戴上一顶翠绿的"帽子"，接着大力发展柿子林和茶园的种植，把经济发展和生态建设的思路融为一体。目前来看，这个思路是完全正确的，军营村在发展经济的同时，特别注重生态环境的保护和建设，这二者必须齐头并进，不可偏废。实践证明，今天军营村的经济发展已达到历史的最高水平，而生态环境建设和保护的质量也得到了明显的提升。今天的军营村，举目四望，环抱山村的千米高山终于戴上了一顶绿油油的"帽子"，茶山云雾缥缈，别具一格的梯田茶园一片翠绿、四处鸟语花香，人与自然和谐相处，宛如人间仙境。

三、路通、电通、电讯通

在经济来源问题解决之后，村里的经济得到了持续的发展，村民收入不断提高。军营村的发展蒸蒸日上，村民和村干部也信心倍增，修建公路的事情提上了日程。当时，为了争取到市里的支持，作为村支部书记的我，每个星期坚持两次下山，风雨无阻，到厦门市交通局向领导陈述修建公路的重要性和紧迫性。最后，终于得到了市交通局的支持。在获得市交通局资金支持后，我便马不停蹄地又到同安区交通局，寻求他们的技术支援。可以说，为了申请这条被视为军营村"生命线"公路的开发，真是历尽千辛万苦，也遭遇了各种波折。这申请开建之"路"也很长，以致当正式开始修建公路的时候，整个规划已由原来的单独建设，变更为军营村、白交祠村、西坑村、淡溪村四个村庄共建，一同受益，这意外的收获，当时也给这四村村民一阵不小的惊喜。

　　路通了，车可以进来了，人也很便利地可以自由进出高山了。军营村一下子就像是被打通了"任督"二脉，突然一切都敞亮了，看上去已经没有什么可以阻挡她的发展。村民们运输材料、运输茶叶由开始的肩挑背扛改用拖拉机或摩托车运载，整个运力得到了天翻地覆的变化；从原来靠人工作业到机械化运输的跃升，让村民们直接进入到现代的生活方式。一趟拖拉机的运力可以达到 1500 公斤，相当于 20 个人工的运力。与此同时，老百姓从土坯房、石头房搬进了钢筋混凝结构建筑中，房屋里的地面也从泥土变成了多彩的地砖。军营村在有关部门和各级政府的大力扶持下，在村民自身艰苦不懈的奋斗下，村容村貌焕然一新。

　　1998 年，军营村和白交祠村的山路开始拓宽加固；2005 年，两村的水泥柏油路从山脚下一直铺到了村口。两村正式、彻底地告别了土坯路时代，而且在两村沿途都设立了公交站点，达到县级公路标准。从市区出发到军营村仅有 60 公里，自驾的游客自岛内出发，约一个小时就能直达我村，这样既方便了游客，又带动了村里旅游业的发展。

1998 年时，军营村和白交祠村的用电同时并入国家电网，实现了供电到户。当时在高山村的外部世界，以电代柴、用电制茶的生产、生活方式早已成为主流。同样是在这一年，军营村的村部开通了全村的第一台电话，当然，安装座机电话的业务，很快就像潮水般一样蔓延进村民的日常生活里。

四、宜居、宜业、宜学、宜游

2008 年的时候，军营村开展了向老区学习的建设热潮。在习近平总书记第一次来军营村调研时，村里的卫生条件还相当差：村民们养的鸡和猪，都是散养的，即放任它们四处觅食和溜达；人们使用的厕所，也大都是由土坯子搭建的旱厕，一到夏天，难闻的气味就在整个村子里飘散，蚊子、苍蝇更是满天飞舞等。此次向老区学习的建设热潮，基本按照习近平总书记当年对军营村提出的标准做，并借此扩大到对整村进行全面的规划，实现全方位的学习和改进。最早，先动员村民们填埋旱厕，同时修建了 10 个较高标准的公厕。在此次建设热潮中，值得一提的是，我们甚至做到把公路铺到了每家每户的门口，无须做任何辅助工作，汽车就能直接开到村民的家门前。经此次大规模整治提升之后，在省里及市里的多次环境评比中，军营村都能独占鳌头。

军营村近些年也不断得到了省、区、市领导的关心和帮助，在各级政府的支持和鼓励下，军营村不断地提高自身的"造血"能力，加强对"老区"山村的建设和美丽乡村建设。到目前为止，军营村已彻底实现了水、电、公路、通讯、无线网络信号的全覆盖。此外，村里还建设了图书馆、阅览室、卫生所、文化园等辅助设施，并采购了大量的运动器材，为村民们提供了更多的体育健身场所。

军营村本就是美丽乡村的试点村，为了使之能更加名副其实，我们还开展了以下工作：在环境综合整治提升工程方面，进行生活污水工程的治理以及饮用水源工程的改建；在医疗方面，使村卫生所提前纳入医保定点刷卡单位；银行方面，开通了农商银行小额代办点；安全方面，让高山警务室开始运营。这样，不管是就业、就医、上学、到银行办理业务等，全都能在自己家门口完成。在文化娱乐方面，村里设有图书流动点，广播电视信号做到村村畅通。除此，还郑重向村民承诺，保证每月向全村村民播放两场以上的电影，每年春节举办"军营村春节联欢晚会"，这些设施的投入及多样化的活动的举办，都是老百姓喜闻乐见的，它们很好地丰富了村民们的文化生活，同时也极大地提高了军营村整体的幸福生活指数。

在物流与通信方面，军营村通过"'互联网＋'带动军营村产业经济发展"这个大学生创业项目的平台，在区委、区政府连同阿里巴巴集团的大力支持下，成立了军营村农村淘宝服务站，并且建立了军营村自己的"O2O"模式（Online To Offline），运用最便捷的通信和物流方式，帮助全村村民实现网购、网上代缴费等一系列能够带动集体经济发展和提高村民收入的手段。

回首军营村这些年的发展道路，实在是离不开多年以来，各级党委政府、有关部门和社会各界在各个方面的支持，尤其资金方面的大力支持。在1998年到2019年的21年间，同安电力局共投入了1200万元对军营村农电网进行了持续的改造；1999年，厦门市农技中心赠送给军营村30万元的制茶设备，同年，厦门市委农办投入40万元为军营村建造了茶厂；2008—2019年，湖里区金山街道为我村建设了金山桥、金山路、金山文化广场等建筑设施，总投入290万元；同样是在2008—2019年，厦门市委宣传部拨款660万元为我村建设基础设施、文化民俗广场等；2015—2019 年，依澄电器有限公司捐赠给军营村众多物资，并捐赠了一个老人活动中心，共计 200 万元；2016 年，我村遭遇了"莫兰蒂"台风的袭击，造成严重的破坏和损失，次年，国家开发银行厦门分行为我村的灾后重建提供了 50 万元的支持；2018 年，为建设军营村防空哨所以及周边所需的路灯和绿化等，金圆集团为此投入了 15 万元；2019 年，厦门市农商银行捐赠给我村 4 部旅游观光车，价值 42 万元。在对村民思想精神的建设上，多年来，各级党委、政府和有关部门单位始终奔赴在为军营村和白交祠村打好这场脱贫攻坚战的第一线，与村民们并肩作战。既投入大量的人力、物力和财力，同时也注重村民们的思想工作，使村民们真正认识到，没有思想和精神上的提升，物质生活的提高是无法实现真正的脱贫。

在军营村，这样的"扶志"工作有很多，除此之外，还有一项特殊的"扶智"工程，它同样倾注了大家很多的心血。高山村先前只有破旧又简陋的教室和一个很小的室外空间，使得孩子们都不愿到学校去上学，外面的老师也不愿进山来教学。村里能上得了高中的孩子屈指可数，能考上大学的几乎没有。1991 年，村里建起了新小学——军营小学，那是一座三层的小楼，孩子们终于告别了从前恶劣的学习环境，把课堂搬到了崭新的教室里面。2012 年，我们对军营村小学进行了翻新修建，除了加固教学楼结构和修缮内部墙面外，还增加了电脑、图书室、多媒体教室、游乐设施等。

这样偏远闭塞的山村，在她的发展过程中，一半是借力来自政府的扶持政策，一半是靠村民们的努力和奉献，即村民们无私的捐赠和无偿的人力支持。正是如此，办学条件得到了很大的改善，做到了学前教育尽量不收费；而村民们对教育的观念有了极大的转变，使得孩子们不但有学可上，而且愿意来上学；外地和城里的老师也乐于到山上教学。到目前为止，从军营村和白交祠走出去的大学生，共有 200 多名，还有为数不少的硕士和博士，这些大学生和研究生不乏就读于 985 和 211 的大学。

渐渐地，村民们的腰包鼓了起来，孩子们上了自己喜欢的学校，百姓的生活过得越来越有滋味，光秃了多年的大山也绿了起来。这些变化，让大家意识到，原来祖辈和自己生活了多年的大山，的确是取之不尽的财富来源，这几万亩的山地，将是大家生活的最有力、最可靠的保障。

一组组人与自然和谐相处的优美画面，不断地从军营村飘出大山，飘到山外繁华而嘈杂的市街，感染了那些被现代生活压得喘不过气的人们。当年人迹罕见的偏远山村，如今，虽说不是每时每刻都人山人海，但可说是人流如织。慢慢地，在军营村掀起了一股旅游热潮，当年生态建设的成果转化成为今天的经济收益。自 2013 年开始，军营、白交祠两村开始共同进行"美丽乡村"的建设。村民们住房周围的环境得到了明显的改善和提升，绿化遍布四周空地，道路宽敞明亮，从昔日人见人嫌的荒芜山村变成了如今人见人爱的大花园。

近年来，农家乐和民宿的发展势如破竹，到目前为止，由村民依托自家房屋建筑投资经营的民宿和农家乐，达到 20 多家。像军营 86 号民宿、茶缘民宿、津迎农家乐、金盈春农家乐、西营茶山农庄和森岩休闲农庄等都是属于比较大型的民宿和农家乐。目前，整个军营村民宿接待床位数超过 200 个。

除了这些由百姓自己开办的民宿外，区镇政府支持并统一建设的高山乡村民宿管理平台，已经在 2019 年 9 月开始运营了，游客可以在出发来旅游之前，通过网上的平台预订民宿。军营村里的高山党校，是区属党校，但现在已成为省党校的教育培训基地之一，高山党校设有高山食堂、高山住宿、高山图书馆、高山放映室等配套服务设施，它是政府针对党建培训教育的学校。另外，军营村还有四处开花的咖啡屋、茶庄和文创产品展示厅。目前，正在出台一个针对亲子游，以及让中小学生到这里研学、游学的方案。

第三节　军营村的乡村振兴之路

没有路就想办法把路修通，没有水就组织集中力量修水库；山上光秃秃就开荒种树种茶种庄稼；有时候茶叶大丰收了却卖不出去，就发动集体智慧，想办法筹资开茶叶店卖茶叶。那时候村民对卖茶叶还在迟疑之中，缺乏市场经济意识，为了鼓励和带动茶叶销售，我自己也成了第一批"吃螃蟹"的人，把茶叶店开到厦门岛；再后来，村民慢慢富起来后，就开始重视乡风文明建设，注重筑巢引凤，以发展乡村旅游事业……用今天的提法，我们这30多年来所实践的，就是在"牢牢守住军营村农业基本盘的基础上，进一步延伸农业产业链，培育农业农村新产业新业态新模式"。今天我们军营村的村民，对乡村发展充满信心，从乡村振兴战略的目标来看，我们军营村一步一个脚印，坚持问题导向，坚持习近平总书记指导思想，光荣地完成了从边远贫困山乡"蝶变"成乡村振兴示范基地的艰巨任务。

一、基础设施先行：村民同心修水库、修路

除了国家和各级政府对高山村建设的各种大力支持外，必须提的就是村民们自己的努力和付出。毕竟在50多年前的时候，军营村的集体收入基本上为零。坦白地讲，对于山地多水田少的军营村来讲，明摆着就是既赚不到钱

又填不饱肚子。全村无论男女老少，一餐能喝得上一碗几乎看不到米粒的白粥就算不错了。有小孩的人家，想让孩子们吃好一点儿，只好拿笊篱在稀饭锅里费神地捞饭粒，半天才捞上一点儿稍微浓稠的饭粒。这就是当时的现状，家家户户都是家徒四壁，不名一文。

1969 年，我退伍回了老家军营村。不久之后，当时的同安县想让我到县公安局工作，但面对生我养我的故乡，面对如此落后苍凉的家乡状况，我怎能忍心一走了之？那时的家乡，急需有人来带她走出艰难的困境，但举目四望，却无法找到一个合适的人。那时，作为一名共产党员，突然感到责任重大，我有什么理由为了个人一时的"好待遇"，而逃避建设家乡、振兴家乡的责任？在我们中国，不管是战争年代，还是和平年代，不都是因为靠着千千万万共产党员舍身忘我的奋斗精神，才有了我们今天的幸福生活吗？我们追求的目标，并非一己私利，而是要把祖国建设成为民主富强、文明和谐的现代化强国。所以，我毫不犹豫地选择了留在村子里，与村民们一起努力建设家乡。

决心下了以后，如何改变村里的贫困问题，一时间我也毫无头绪。虽然最初感到一头雾水，但觉得有两件事是村里刻不容缓要办的，那就是村民们的用水问题和交通问题。于是，就在 1969 年 10 月，利用冬闲，我带领一些年轻力壮的村民们开始修建牛心石水库水库。开始时，因为天气恶劣的原因，没人想干，大家情绪很低落，还有一部分村民，也不理解修建水库的价值和意义，觉得最重要的是应该干好眼前的农活，修建水库完全是"没事儿闲得慌"，多余。但我觉得，没有水就没有电，没有电一切与现代化有关的事情就不能实现，水是生命之源，也是军营村突破自身困境的基础保障。于是我就不厌其烦地开动员会，积极动员，乡亲们有力出力，有钱出钱。买了收音机和喇叭，趁着休息的空隙，给大家讲一讲好人好事，不断激励大家踊跃来修水库。

终于，水库建成了。解决了灌溉、发电这些重要的民生问题。水库的成功建成，也为军营村的下一步发展打下了基础。直到今天，牛心石水库还是一类备用水源地，这既说明了它的重要性和稀缺性，也说明了建设该水库的前瞻性（见图3-1）。每当到了冬天，村里就进入了枯水期，这时候水库就发挥了重要作用。从水库放水到军营村水厂，经过净化后，村民们就可以放心使用了。

图3-1 军营村的牛心石水库

水库建成之后，利用水库的便利，在各级部门的支持下，村里建了一个20千瓦的水电站，并很快投入使用。有了水和电，村民的生活水平得到了质的提升。因为接下来，村集体果断地采购了1台碾米机和4台茶叶揉捻机，这既提高了经济效率，又极大地解放了村民们的劳动力。在以前无电的日子里，村民们或肩挑或背扛，把稻谷送到几十里开外的安溪大坪村去，在那里把谷子碾成米，再挑回来，这一来一回就是一天时间。

关于军营村的路，想必大家都对进出村里的盘山公路有着深刻的印象吧！一弯一弯、一圈一圈的盘山路，从山下往山上走，犹如扶摇直入云端，也让人产生无限的遐想，好像自己登上了天梯，闯入到一个未知的世界。其实，这恰好说明了这条公路不但地处高海拔地区，而且在高山里，弯弯曲曲，视野极其狭窄，危险系数相当高。这条公路的建成，同样离不开村里全体干部群众持续不懈地努力和付出。修建公路并不比修建水库来得容易，那个时候，村民们全靠一挑担子两条腿，以及一腔热情来参加公路建设的。我看着村民们用这些原始工具和方法，去挑战这庞大的工程，心里特别不是滋味，但也让我感到了民众的伟大品格和坚韧品性。那个时候的军营村，村民连猪都不敢养得太肥，因为猪太肥太重就无法运出山外。大山曾经挡住了山里的村民，挡住了山外的来客，挡住了生活生产一切物资，挡住了信息的畅通，同样也堵死了军营村的致富之路。但是只要有军营村这样的老百姓，只要他们怀揣奔小康的梦想，那又有什么事情可以阻挡得了呢？

没有交通的畅通无阻，哪来的眼界开阔？为了修建这条通往外界的公路，我一刻都不敢怠慢，因为这是历史的使命，也是我的宿命。当时，我并不知道要跑多少趟，什么时候才能审批下来，只知道一定要坚持，为了家乡，为了村民的幸福生活一定不能退缩。尽管不知道最终会付出多大代价，有没有结果。但还是义无反顾、一如既往地向前冲。每当快要撑不下去的时候，就会沉下心来想一想，自己说服自己，只要持之以恒，不久的将来，就可以在军营村看到轿车、公共汽车、货车、卡车、拖拉机穿梭在公路上的繁忙景象。一想到这里，我就觉得浑身充满了力量，就又可以坚持下去了。

终于，资金批下来了，紧跟其后的是工程技术队伍也进来了。就这样，军营村公路建设指挥部应运而生，总指挥由当时的莲花公社社长担任，而我则被任命为副总指挥，这是荣耀，更是责任。

公路建设的测量工作开始于 1975 年的下半年，1976 年开始施工，1977 年就通车了。由于原来的旧路实在是又破又烂，给测量工作带来了巨大的困难，碰巧又遇上下雨天，更是雪上加霜。不过大家力克困难，团结一心，还是攻克了这道难关。

与此同时，在军营村修建好水库之后，周边的其他几个村庄受到鼓舞，也信心倍增，军营村、白交祠村、西坑村和淡溪村的劳动力一时间全被调动了起来。现在的年轻人，可能无法想象那段激情燃烧的岁月。当时的劳动力大军进场，都是自带工具、粮食和日用品。在那种蔓延几公里的小道上，主力军主要是来自村里的村民，他们一没文化；二没受过专业训练；三不太有纪律性。政府委派的工程技术员，作为指导和辅助，起到了协调、引导、衔接的作用。为了建好这条公路，所有人都风雨无阻，义无反顾地投入建设大军中来。在那种技术相当落后的年代，在不怎么谈报酬的年代，人们能做到全心全意地投入工作，可见已经没有什么可以挡得住我们修路的步伐。

经过大家不懈地努力，上陵村到军营村的一条 12 公里的通村公路终于修成了。有了这条路，车子开进来了，人走出去了。"喇叭一响，黄金万两"，间接说明了道路对于改变现代人的生活是何等的重要呀！

从某种程度上讲，3 年的修路时间并不长，可就是这短短的 3 年，改变了军营村几代人的命运。我们坚信，只要紧紧地依靠人民，全心全意地为人民服务，才会得到人民群众由衷地拥护和肯定，这才是人民群众喜闻乐见的。

后来，习近平总书记二度到访军营村，走的正是这条万众一心修建起来的新公路。

二、茶产业实践：茂峰和恒利的接力

　　茶叶是让军营村全体村民引以为傲的特产。品尝过军营村茶叶的人，对恒利茶厂出品的自主产品"雅毫"茶叶的评价，大多是一致的，那就是外观雅致、味香俱佳。恒利茶厂所产茶叶，大部分出口日本，少部分出口东南亚及欧美国家。我们对自产的茶叶质量有十足的信心。军营村的茶园都处于千米海拔的高山，生态环境优良，气候条件适宜，少施肥不施农药，可谓是纯天然、高质量的绿色茶叶。莲花"军营茶叶基地"茶园还曾获得过全省首个"出口植物源性食品原料种植场检验检疫备案证书"的荣誉。"雅毫"茶叶已被评为厦门市著名商标、福建省著名商标，广大消费者对它的好评如潮。

　　说到这里，不得不提一下我本人曾经开办的，同安县第一家茶厂——茂峰茶厂。在办茂峰茶厂之前，同安县只有一家土产公司可以收购茶叶，销售渠道极少，村民根本看不到种茶的希望在哪里。而且当时茶叶的价格也很低，村里制茶工艺也相当落后，全靠人力，产量有限。销售渠道单一而且匮乏，制作工艺落后原始，这一切，与军营村大面积的茶叶种植需求极不匹配。没有先进的制茶设备，也没有先进的工艺和技术，大量新鲜采摘后的生茶叶无法及时处理，导致最终烂掉；更何况，完全依靠人工制茶，其品质参差不齐，难以把控，没有稳定的茶叶质量，信誉就会受到影响，茶叶的销售价格也就上不去。

　　茶叶的经济价值及在市场的营销方式与大米、地瓜这些粮食类的商品不同，茶叶属于非生活必需品，一旦销路不好，村民就只能等着挨饿。为了之后茶叶经济能够顺利地健康发展，大家做出了一个初步的决定，就是建立一个属于自己的茶叶加工厂，把茶叶的品质及品相做得更好。为此，只要一有时间，我就去找同村的高铭会和高泉察、高墀朕、高金辉、苏水龙、高泉博等几位较有想法的同志开会商讨。再到后来，终于达成了一致的意见，即先向上级请求帮助。当时，我们也不是太清楚申办集体性质的企业要走什么样的程序，一切都是处于"吃螃蟹"阶段。为了申请营业牌照和工商管理登记证，单是区工商所和区税务局就不知跑了多少趟，好在不久有了回复。工商所那边认为，我们这是一个新生事物，表示会全力支持；税务局则帮我们申请了 3 万元的免息贷款，作为办厂的周转资金。后来，在习近平总书记二度来军营村的时候，我们把要自建茶叶加工厂的想法也说给了他听。他听了后，当即表示大力支持，并且要求市农办来负责我们这个项目。随后，帮军营村自建茶叶加工厂项目申请了 60 万元的扶贫资金，其中 40 万元用于建厂，20万元用来购买设备，再后来又追加了 10 万元资金用做周转。此外，习近平总书记还和莲花镇政府的领导商议，建议他们要做好高山村的招商引资工作，并强调说，要根据军营村的实际需要，多引进一些茶叶加工厂，以尽快解决高山茶村的脱贫问题。

就这样，为了解决茶叶加工问题，也为了让茶产业的附加值得到更好的利用。一开始带着试试看的想法，我们在高金辉同志家里建起了军营村也是同安县第一个茶厂——茂峰茶厂。茶厂建成后，首先购置了 20 台制茶、包装机器设备，之后，其他所需的设备也陆陆续续到位。最初，全厂管理人员就只有 5 名，其中，我作为厂长，负责收购、制茶、销售以及仓库管理，高金辉同志负责财务。工厂把村民种植的茶叶统一收购上来，进行加工、销售，这样的方式，属于自产自销，它大大地降低了人工的成本，如此一来，我们村的茶叶价格，在外面的市场上，就有很强的竞争力。那段时间的忙碌和付出，终于解决了销售茶叶难的这个棘手问题，这是军营村村民奔小康过程最重要的定神针，因为这之后村民们的经济收入，就像开了挂，不断地稳步上升。

其实在当时，村两委都懂得一个道理："一人富不算富，全村富才是富。"茶厂的开办，是大家的事，茶厂是大家的厂。茶厂的建成和运营，不但解决了村民卖茶难的问题，还给那些有富余劳动力的家庭提供了就业岗位。一到雨天雨季，农地里的活儿没法干，村民们就都来茶厂捡茶杆，一天能赚5毛钱。这既能给茶厂提供劳力的支持，又能增加村民们的收入。

由于产业提升的需要，茂峰茶厂几年后就停办了。该厂历史虽短，但意义重大。因为它为军营村以后的发展做了很好的过渡与铺垫，无论是技术还是经验，也无论是经济基础还是思想观念。之后军营村的蝶变，正是效仿了这个模式而获得了大发展。而如今现在那些较具规模的茶叶厂子，像恒利、云山等现代企业，都有着当年茂峰茶厂的影子。在这些年轻企业家的推动下，军营村的茶叶走出了大山，走出了中国，走向了世界，军营村的百姓开始过上了富裕喜乐的生活。

从1986年建成茂峰茶厂开始，军营村村民开始大规模开荒种茶，到2013年，军营村村民人均年收入已突破万元，军营村村民的经济来源，绝大部分都来自茶叶产业。

对于军营村，我自始至终的想法就是，在任何情况下都要带领村民走向致富的道路，这个目标是明确的，我的意志也是坚定的。于是，村支部带着全体村民起早贪黑地在山上开荒的画面，常常出现在高山里。从一开始漫山遍野的人工大军，到后来采用大型机械作业，这个可载入史册的开荒过程，正是脱贫致富的真实写照。大家看看环绕在我们村四周的茶园，郁郁葱葱、层层叠叠，如此壮观的景象绝非一日之功，它可是军营村几代人一镐一镐挖出来的, 一锹一锹种出来的, 一桶一桶浇灌出来的。同样, 村民们靠着自己的不懈努力, 也从过去那一两间破败的房子里, 搬进了现在的一幢幢小洋楼里。

这里要重点跟大家介绍的是, 恒利茶厂。恒利茶厂是在 1994 年的时候, 村民高树足同志因受村里茂峰茶厂的启发和影响, 并在村两委的全力支持下而创办起来的。高树足同志是个有想法, 敢闯敢拼的年轻人。为扶持村里年轻人创业, 当时, 村委在调查摸底之后, 决定全力支持高树足同志出来创业, 并竭尽全力为 23 岁的高树足争取到了 15 万元的启动资金。因为有了前面茂峰茶厂的加工、销售茶叶的渠道和经验, 这个年轻人稳扎稳打, 步步为营, 恒利茶厂很快找到了一条适合自己的路。从最简单的毛茶初加工开始, 再到把加工好的茶叶用农用车运到广东去销售, 一步一步, 逐渐闯出了一条高山茶企的发展之路。1998 年, 军营村建起了高山无公害茶园基地, 并通过村企恒利茶叶公司, 统一收购、加工、销售。自军营村开垦茶园种植茶叶以来, 一年为村集体增收8000 元, 并以每十年 10% 的速度递增为村财收入带来了较大的收益, 为村民开荒种茶探索经验与技术。2000 年, 高树足的恒利茶厂, 已经发展到足以加工制作整个莲花镇的茶叶了。至此, 军营村的茶叶已经无法满足恒利茶厂的需求了, 于是, 恒利就把工厂迁出军营村, 搬到了莲花镇里。作为从军营村走出去的农民企业家, 高树足同志也从不忘本, 每当逢年过节, 他都会积极主动地参与村里举办的公益活动, 时时关注村里的发展情况。

至此, 军营村的春天是彻底到来了。电通了, 电话通了, 路通了, 厂子建起来了, 而且引进来了不少大企业在村里扎了根。当然, 这一点成就, 离中央对于乡村发展目标的要求还有很长的路要走, 按现在的话讲, 就是乡村振兴不但是"硬件"的升级换代, 更重要的还是"软件"发展, 即人心向背和乡风文明。我们村两委的同志绝不能安于现状，还得克服困难，继续努力，还要继续思考如何深入推进发展，如何实现村民们向往的生活。"村民要想富，关键看支部。"很快，我们明确了下一步的工作思路：要巧妙地依托市场、依靠政策，做好发展和建设。于是，我们一方面把主要的精力，投入到了茶园的无公害标准化示范基地的建设；另一方面，请经验丰富的老茶农组成了军营村茶叶协会，继续带领村民培育新茶种，栽种新茶树，改进制作茶叶工艺。通过在无公害标准化方面的努力，得到了主管机构的认证，也注册了商标；对茶叶成品进行细化管理，改进包装，分档销售。在坚持无公害标准化理念下，我们的高山茶还突出了有机茶的特点，使之在口感和嗅觉方面有很高的接受度，口碑也相当好，喝过这种高山茶的人都说，有不一样的清香和甘甜，喝完之后唇齿留香，回味无穷。2019 年 12 月，台湾地区的茶商茶农代表团还来我村进行了交流参观，对我们尝试使用海蛎壳进行土壤改良的做法，赞不绝口。

那段辉煌的历史，现在想想依然十分令人激动。记得当时山下许多村庄的村民也都来到军营村，加入采茶大军的队伍，一时蔚为壮观。军营村也很快从一个拖后腿的落后贫穷村庄变成了全镇的首富村。

在 30 多年来大家的不懈努力下，我作为军营村的村民，看着在军营村周边竖起的一排排果树、铺开的一片片茶园，把本来只能"坐以待毙"、只剩一片光秃秃的穷困山村，开发成了如今令人羡慕的、绿色资源丰富的乡村振兴示范村，感到无比的欣慰。今天，放眼望去，军营村的生态公益林和梯田式茶园已经覆盖了超过 1 万亩的山地，军营村早已经成为厦门市乃至整个福建省重要的出口茶叶种植基地。我相信，军营村的成就还远不止于此，她以后的建设和发展将会越来越好！

三、窗口打开：眼界决定高度

俗话说"十年树木，百年树人"。想要让高山村彻底摆脱贫困的帽子，光靠发展经济是远远不够的。生活改善了，可百姓还是从前那种思想和意识，注定只能走回头路，最终又回到起点，甚至退得更远。所以，要想真正改变乡村面貌，一定要把教育放在重要的位置上。

现在莲花中心小学的校长、年近 50 岁的高清文同志，当年曾在军营小学上学。记得那个时候，我会经常去这个小学给他们讲些名人趣闻和故事，以此来激励他们努力学习，走出大山。

早年在军营村，孩子们辍学那都是家常便饭。虽然大家都明白，再穷不能穷教育的道理，可在连饭都吃不上、一家人能活下来都已经很不容易的时代，就谈不上孩子的教育问题了。眼看着这种近乎无解的现实，我内心很受煎熬：孩子们怎能不上学呢？这个年龄的孩子他们能做什么？他们只有读书，但是客观条件是如此的恶劣，面对一个个辍学而无所事事的孩子，还能无动于衷吗？于是就一家一家地去劝说，做家长和孩子们的工作。山里条件差，如果遇上刮风下雨天，平时就不去学校了，这种时候，我只好领着一些村干部到学校去帮忙维持秩序，护送孩子们上下学。

一定要让所有的孩子接受教育，作为村支部书记，我不但要明确地表达出来，还要以身作则，起到带头作用，要严格要求自己，尤其自己的孩子。要求自己的孩子在学校学习时要认真刻苦，出来工作时要兢兢业业，要不断地自我反省，提高自身的思想觉悟，将来做一个有用的人，为党和人民做出自己的贡献。

1983 年，村里出了第一个大学生，他叫高树根，在后来的几年里，村里收到的大学录取通知书就越来越多了。当年，高树根考上大学之后，为了鼓励村里孩子们努力学习，营造重教育的氛围，村里组织放映了一场露天电影。在电影放映之前，我刻意做了个简短的讲话，大意是鼓励大家努力、刻苦学习，鼓励大家考大学，将来可以报效祖国、报效家乡。"百年大计，教育为本"，村里以后的建设和发展，需要更多有文化、有知识、有志气的现代有为青年。

教育之路，是一条漫长坎坷的路。村里原来的落后教育设施曾是我的一块心病。当年在军营小学，老师们连基本的办公室和休息室都没有。为此，我决定要先在这方面下功夫。后来，经过多方的协调和努力，经过多轮次的打报告和申请，一些硬件设施陆陆续续到位，配套设施也日趋完善。为了适应越来越高层次的教育需求，1991 年，我提议将军营村小学迁址重建。这之前军营村小学只有三个年级（从一年级到三年级），孩子们要读四年级，就要到山外很远的地方上学。如果重建学校，孩子们可以从一年级到六年级都在村里完成。不但可以节省很多时间，还可以免去许多的奔波和劳顿。每次只要听到孩子们在新教学楼里琅琅的读书声，我睡觉时就觉得特别踏实、特别安稳。

在我看来，搞教育就好像是中医治病，需要历经一定的疗程，而不像西医那样立竿见影。它是一个潜移默化的过程，要经时间的沉淀，最终才见成效。任何想一蹴而就、一朝一夕把教育搞上去的做法，都是有害的。

1997 年，我以军营村村书记的名义，从厦门特贸集团争取到 15 万元经费，以此资金创建了特贸希望幼儿园。军营村由此有了自己的第一所幼儿园。从这一年起，我每天早上散步的时候，都会不由自主地往幼儿园的方向走过去，去看一看。当看到娃娃们嬉笑打闹的画面时，总会深深感染我。于我而言，这何尝不是人生的一大享受？幼儿园是人生长途中的第一站，能为孩子们的童年留下最美好的回忆，而这也正是我们老一辈人的愿望。

从我们特贸希望幼儿园、军营小学走出去的孩子们，很多现在都成为社会上的中坚力量。他们通过在军营村的基础教育，改变了观念，使自己学业有成、事业有成，最终成了对社会有用的栋梁之材。而当他们走出大山并在外面立定脚跟之后，又时刻惦记着家乡，经常回来为家乡的建设出钱出力，做一些力所能及的贡献。

村民们如今也都通过自己辛勤的努力和艰苦的奋斗，摆脱了贫困而落后的生活。而今，更是用丰富的知识和科技文化武装自己的头脑，生活变得越来越美好。

当然，在军营村彻底摆脱贫穷，走向富裕之路前，还有很多困难要克服，许多难关要攻克。比如，医疗的问题，这也是一个一直困扰村两委的难题。我从小就失去了双亲，他们走得早的最主要的原因就是医疗条件特别差。如果当初医疗条件好一点儿，也许他们就能够陪伴着我走得更远。记得在我刚退役回家的时候，军营村的村卫生所只有一个所谓的卫生员，这个卫生员并非医学科班出身，文化水平也不高。平时村民有个发烧感冒，他都不能看。要是遇上急病他更是无能为力，我们这里离县城医院又远，交通又不便，真是很无奈。在无法寻求到更好帮助的情况下，我们想办法自救。

于是，我想起了踏实肯干的一个年轻人，他叫高名团，大伙推荐并动员他到市里的卫生学校去学习，接受培训。

高名团本来在镇里的茶厂做总务，这是一个既工作轻松、又收入稳定的职业。但当他听了我们的建议后，便毫不犹豫地答应下来，毅然决然地选择了走这条为村民们服务和奉献的路。之后，他一边去卫校学习，一边在村卫生所里进行实践，服务村民。在卫校学习的 3 年中，他就是这样边学边实践，最后拿到了毕业资格证，成为正式服务军营村的村民。就这样，村卫生所从原先发烧感冒都无法治的"摆设"变成了即使肺炎这类稍重点的病都能治愈的真正医疗场所。这是村卫生所的一次华丽转身，它靠的不是富丽堂皇的医疗馆舍和科技含量高的器械，而是一个具备专业医学水平的工作者、一个愿意把自己青春奉献给自己家乡的医务人员。

高名团学成回乡后，平时除了给村民看病以外，农忙时也从来没有缺席过生产队的劳动工作。我觉得这样两头兼顾，他会太辛苦，就告诉他，要是村卫生所那边够忙的话就不用到生产队参加劳动了。可他却依旧在卫生所稍微不忙的时候，抽空就扛起锄头下地干活，这令大家都十分感动，真是一位保持本色的乡村医生！

高名团同志从 1970 年一直做到了 2017 年，在将近 40 年的行医生涯中，他帮助军营村无数的村民摆脱了各种病痛，军营村的老百姓永远记得他！现在他儿子接过了父亲手中的接力棒，继续留在村卫生所为村民们服务，也使这一美好的事业后继有人。

四、畅游军营，同走高山文明实践之路

今天军营村的成就，是在习近平总书记的精神指导下，各级党委、政府的支持和全体村民的努力而得来的。为了更好地展现军营村的实践及其成果，为了不负党和政府的恩情，我们特别打造了"高山文明实践之路"旅游精品项目。接下来，让我跟大家介绍一下这份"旅游攻略"。

为了大力宣传和发扬习近平总书记来军营村时所提出的指导精神，我们

特别打造了"高山文明实践之路",创新性地推出了十个实践岗和一个实践站,它们分别是:高山党校初心使命馆、恒利茶厂、高泉国旧居、议理堂、高山防空哨所、九龙溪、军营村村部、褒歌广场、幸福院、健身室与"高山军营红——军营村新时代文明实践站"。

第一岗就是我们党校管辖下的初心使命馆,它是个展览馆,也是十个岗中的"始发岗"。初心使命馆前面的广场是初心广场,大家想必已经在广场里进行过追忆初心、感怀初心、践行初心的活动。同时,初心广场也给前来参观、学习、旅游的民众提供了休闲的场所。展览馆外部造型风格,融合了大量的闽南建筑元素,极具闽南特色和高山气息。大门两侧采用了闽南特色的传统工艺:红砖雕。左边雕的松树寓意坚持原则性,右边是厦门市树凤凰木,有代表性。这里是十"岗"的第一岗,是军营村进行理论宣讲和教育学习的实践岗(见图3-2)。此岗的志愿服务者,是高山党校的初心使命馆馆长苏银坂同志。

图3-2 初心使命馆

第二岗就是我前面多次提到的，让我们大家引以为傲的恒利茶厂。茶厂曾带动了军营村的经济发展，让村民都过上了富足的生活，并且它也一直牢记着习近平总书记"向市场要效益、不和农民争利益"的嘱托，连年带动村民创收增效益。作为第二个实践岗，恒利茶厂主要的任务是政策理论宣讲和科普。恒利茶厂现任负责人高炳瑜同志是这一岗的志愿服务者。

大家还记得前面说到的习近平总书记第一次来军营村时，曾去过高泉国家吧！如今，高泉国早已搬进新楼房，现在要说的是他的故居。我们后来对他这个老房子进行了保留并且适当修缮，现在作为十岗中的第三岗，它的作用是由讲解员对历史故事进行介绍，目的是教育学习。高泉国同志一直是这一岗的志愿者，他是这个历史故事的见证者和参与者，可以起到现身说法的作用。

为增强村民的法治意识和法制观念，同安区法院联合区司法局和镇政府，设立了"议理堂"，这是效仿古人为解决民众纠纷而设立的一个小机构，旨在为村民们化解矛盾纠纷、普及法律知识，以及进行现场教育。同时还设立了在线平台，实现了网上调解。"议理堂"的辐射面很广，一直到达莲花镇内九个行政村，让高山的农民们在家门口也能解决民事纠纷。作为文明实践之路的第四实践岗，"议理堂"担任着理论宣讲、社会宣传、教育学习、乡风文明建设的重任。志愿服务者是我村村委会副主任，主管村内治保工作的高建设同志。

第五实践岗，是个很特殊的岗。它设在几百年来兵家必争之地的高山防空哨所。哨所坐落在军营村的四斗仑山顶上（见图3-3）。

图 3-3　军营村的防空哨所

作为实践岗，哨所主要的作用是理论宣讲和社会宣传，志愿服务者是高新科同志。

军营村有一条自己的"母亲河"，她的名字叫九龙溪。在早些年军营村还很贫困的时候，九龙溪则是一条让人头疼的溪流。在那个年代，人们根本没有任何环保意识：生活污水任意排放，垃圾随意丢弃，九龙溪一度恶化成了村里"臭名昭著"的臭水沟。如今，在以尊重自然为原则的意识主导下，村里先后3次对这条小溪进行治理，先是拓宽河面，而后清理河床，最后种上适宜的水生植物，并且在两岸铺上亲水步道。九龙溪在实践岗里，发挥了科普、生态休闲、体育健身的作用。高金水同志主动要求做这一岗的志愿者。这是十岗实践岗的第六岗。

说话间就到了第七岗了，它就是大家最熟悉的军营村村部，也是习近平总书记第二次来访军营村召开座谈会的地点。作为第七岗，它的作用同样是理论宣讲和教育学习（见图3-4）。高泉伟同志作为现任党支部书记、村委会主任，同时，担任着军营村新时代文明实践站站长和志愿服务队队长，也是本岗的志愿者。

图3-4 军营村的村部

要说军营村在文化方面最有特色的，那就不得不提"褒歌"这一地方传统特色了。莲花褒歌内容丰富，形式多样，充分反映了劳动人民种茶、采茶、炒茶的生活。歌曲还展现了福建山区的美丽风光和农民生活的民俗风情。茶农用赞歌抒发感情，赞美家乡，解除疲劳。如今，莲花褒歌已成为我们军营村的特色文化，也是我们村的文化名片，为乡村旅游增添了一抹绚丽而富有传奇性质的色彩。2018年8月，莲花褒歌列入了福建省第二批非物质文化遗产名单。2019年7月，村里原创的《褒歌调·茶乡来了总书记》入选了国家级规格的演出节目。而"褒歌广场"则被打造成了一个多功能的百姓活动大舞台，这个广场是对村民和游客开放的，所有人都可以在这里体验"褒歌"文化，洗涤自己的心灵。褒歌广场作为弘扬民俗文艺、倡导文明乡风、增强体育健身、推广科普知识的平台，成了十岗实践岗中的第八岗。它坐落在军营村的中心地点，见证了军营村这些年的风雨变化（见图3-5）。军营村广场舞队队长高爱花同志担任此岗志愿服务者。

图3-5　军营村的褒歌广场

第九岗是幸福院，就在褒歌广场百姓舞台正后方，是一座三层小楼房。这是老人协会及其他组织活动、开会、团建的地方。平时，这里有许多志愿者为老人们提供免费理发、按摩、修剪指甲、测量血压等服务。我作为村里的老人协会会长，也是本岗的志愿者。

最后一岗，即第十岗。大家一起走到高山党校的一楼，是军营村的室内健身房，作为体育健身的实践岗，这里有非常齐全的运动器械，可以满足村里各年龄段人群的多样的运动需求。高溪巡同志是这里的志愿者。

这就是我们军营村新时代文明的十个实践岗，走完这十岗之后，接下来就是高山党校四楼的"高山军营红——军营村新时代文明实践站"。正对着楼梯的是一面主题墙，上面写有习近平总书记的指导精神。整个实践站分为五个大的主题区，分别是高山实践品牌区、高山精神讲习区、高山味道悦享区、高山阅读学习区和高山志愿服务区。

其中，品牌区展示了"高山军营红"新时代文明实践站、"高山军营红"新时代文明实践站组织架构、"军营红"志愿服务队、高山文明实践之路、高山文明实践之光、"高山上军营红"；高山精神讲习区是为志愿团队进行培训、分享心得、科普知识的课堂，同时也为游客朋友们提供交流、观影、阅览的平台；高山味道悦享区主要展示的"高山的味道"，像高山茶、农家乐、民宿、"军营红"小番茄，并且设置了泡茶区，可以泡上一壶高山茶，品鉴高山情。另外这里也是"同安云上爱心屋"的基地，游客们可以扫码献上自己的一份爱心；高山阅读学习区则是高山的阅读基地了，不管是大人还是孩子、村民还是游客，都可以在此看看书，度过一段时光，还可以丰富自己的精神世界；高山志愿服务区，既是志愿者的基地，也是"青年之家"和"妇女之家"，它同时也是志愿服务队开会和商议的地方。

最后值得一提的就是党校的楼梯了，高山党校每一层楼梯处的墙上，都展示着同安区各种品牌的文明实践站和基地。它很好地提醒了我们，不但要居安思危，而且要常备不懈。现在能过上好日子，是当年大家一起艰苦努力奋斗来的，我们一定要继续努力，继续前行，把大家共同的家园建设得更加美好。

五、不忘初心，继续谱写春天的故事

军营村的党员们，不忘初心，时刻发挥着带头作用，希冀以奉献精神做好每一件工作，搞好发展。原先村里项目多，各种施工队来来往往，鱼龙混杂，就有一些人专干浑水摸鱼、偷工减料的事。这个时候，我们这些老党员就主动做起了质量监督员，到现场看管材料并对违规事情进行纠正和制止。最令我们感动的是，有一些老党员，已是近90岁高龄的了，却依旧发挥着余热，主动为村民们服务。

作为一名合格的共产党员，就是要全心全意地为人民服务，不能偷奸耍滑，更不能袖手旁观。为了大家的幸福做奉献，甚至牺牲小我的利益，这是义不容辞的。这是一个共产党员必须保持的初心，就是到了今天，当你面对各种困难，那不也要迎难而上吗？我们既要为了幸福生活而努力奋斗，同时也要保护好我们赖以为生的大山和头顶上的这片天空。我们要抓住时代发展的机遇，做时代的弄潮儿，积跬步以至千里，为了家乡的繁荣昌盛而不断地努力进取，背靠我们温暖的家乡，面向这个开放的世界。

今天军营村所取得的成就，是我们全体村民的骄傲，更是厦门市的骄傲。看这村中土地平旷，屋舍俨然，人来人往，一片繁荣。村子里面，处处洋溢着欢乐的气氛。这幅人与自然和谐相处的画面，为美丽的厦门添上了一道风景线。

今天的军营村，虽然取得了一些成就，但她并没有停止前进的步伐。伴随着乡村振兴时代号角吹响的，是军营村人再创辉煌的信心。2018年，军营村147栋房屋全部完成了"平改坡"的改造工作，她是全厦门市唯一一个入选省级"农村人居环境整治提升"的试点村，是厦门市乡村振兴重点示范村。在过去的几年里，军营村的全体干部群众一直秉持着"不忘初心、牢记使命"的原则，继续大力推动环境治理提升，尤其加大对裸露山体的整治，力求达到全覆盖；让我们的青山绿水更青更绿，让我们居住环境的生态更加和谐，更加文明。

值得一提的是，我们对裸露山体整治相当成功。有"闽南小九寨沟"美称的七彩池，是一个月牙形的神奇水池。七彩池周围的土壤里富含钙、镁、铜等矿物质，经多年雨水的冲刷，这些矿物质被带入池中，一旦遇到阳光照射，池水在阳光作用下，折射出多种颜色，呈现出一幅绚丽多彩的景象。但是，这个有着传奇色彩的水池，在以前可是无人问津的。之前，由于水池周围都是裸露的山体，黄土碎石充斥其中，没有绿树的环绕和衬托，更没有草木植被的保护，池水不但浑浊不堪，而且水量极少，经常处于枯竭的状态，完全是人见人嫌的丑小鸭；如今，它在青山绿水的环抱下，在人们关爱自然、佑护家园理念的影响下，早已变成一只"金凤凰"了。这不，在2018年的时候，全村还做了一次植树大动员，在七彩池周边的山上，种下几万棵新树苗，可以想象，当这几万棵树苗长成大树的时候，我们的"金凤凰"将更加多姿多彩。

在七彩池的外围，还陆续种植了1600多亩的生态林。除此之外，村里还联合邻村的白交祠，一起在山地上又种植了2万多亩的生态林。现在，这些树苗都长成小树了，村民们平时都会在这片树林里或散步或慢跑或闲聊。看到周围绿树成荫、空气清新、气候宜人，就会有无比的感慨：这些都是乡村振兴工作的成果呀！

军营村中心溪现在已成了村里人最喜欢去"溜达"的景点之一。想起当年，只用了短短几个月的时间治理，这条溪流就由原来的臭水沟变成了清澈明净的生态小溪。我个人也独爱这条小溪流，喜欢在阳光明媚、风和日丽的时候，脱下鞋、挽起裤脚走进溪水里，把心放空，感受凉爽溪水的冲击。

除了以上这些，军营村这些年还打造和建设了水库步道、东西部慢道、柿子林教学基地等多个旅游景点。我们必须在那些已经获得成功的景点基础上，再接再厉，继续追赶，扩大成果，不断提升高山乡村景点的建设质量，现阶段所追求的已经不是百废俱兴，而是精益求精。

2019 年 11 月，金鸡百花电影节在厦门举办，来厦门参加活动的部分电影文艺工作者，特地来到了我们军营村访问、旅游。他们走进村里，到老百姓家里喝茶，领略军营村的风土人情，感受高山村的时代巨变。军营村的村民拿出地瓜干和糍粑等特产，招待来自远方的客人。记得陈道明当时听了讲解员介绍后，感慨颇深地说，优秀的文艺作品就是来自基层、来自生活的，有一些作品可以反映农村的新面貌，有一些作品则反映社区文化，不管是什么样的作品，都要真正地融入角色，要有深入体验的生活，才能有好作品。

也是在 2019 年这一年，市委宣传部在军营村成立了"厦门市委宣传部军营村文艺创作基地"，为了扩大影响，还在思明区文化馆的一楼大厅举行"大美军营村"短视频大赛颁奖仪式。虽然这是一次新生的短视频大赛，是一次试水，但客观上却成了我们军营村一次特别重要的发展成果展示，反响不小，效果很好。这给大家带来了十足的信心。而在之后，就有了源源不断的文艺创作者来到军营村，用笔和镜头记录军营村的高山绿水和花花草草。这是对整个同安区美丽乡村建设者工作的肯定和鼓舞。

在军营村的文艺创作基地，曾经举办过两期文创培训班。举办培训班的初衷，是让更多的人了解军营村，为军营村带来丰富的旅游资源。同时，要求学员以军营村为创作题材，学员们创作了不少好作品，大部分作品都发布在了像抖音、B 站、优酷等主流视频平台上。通过这次培训活动，使军营村引起了更加广泛的关注。

现在，全村共有 303 户，家家户户都搬进了宽敞明亮的新楼房。同时，村民们也走出军营村，到山外去发展、去置业。据不完全统计，军营村人在厦门市各区购置了大约有 200 多套房屋，约占全村 80% 的户数；目前，可以说家家户户都有私家车，有些人家一家就有 2—3 台车。今天的军营村，是已经富裕起来了的军营村，是已经实现了小康水平的军营村。希望大家平时常来军营村走一走，品一下我们自己种的有机高山茶，吃一块香糯而甘甜的地瓜，在山林里呼吸一下新鲜空气，在溪水里感受一下透彻心扉的凉爽。我们这些老党员和村两委将会带领全体村民继续努力发展，带领军营村走向辉煌。

要让今天军营村的这一切，成为可持续发展的成就，就必须培养一支过硬的年轻队伍。除了提携本村的村干部以外，对邻村的年轻人，我们也同样全心全意地给予帮助和扶持。作为前辈，既要不忘初心地继续为人民群众服务，又要毫不保留地，把自己丰富的经验传授给后辈，扶上马再送一程，做到薪火相传、继往开来。年轻人有更大胆的想法和更活跃的思维，相信他们一定会比我们做得更好，但是要特别注意在他们身上存在经验不足的问题，提防产生急躁冒进情绪。作为老一辈，一定要把自己毕生经验传授给年轻的接班人，为建设好美丽的家园而携手奋斗！

第四章 产业兴旺："弱鸟"先飞，脱贫活村

2017 年，党的十九大报告对乡村振兴战略提出了"产业兴旺、生态宜居、乡风文明、治理有效、生活富裕"的 20 字总要求。2018 年"两会"期间，中共中央总书记、国家主席、中央军委主席习近平提出要推动乡村产业振兴、人才振兴、文化振兴、生态振兴和组织振兴。

20 字总要求和 5 个振兴，实际上就是经济、政治、社会、文化和生态五位一体推进。

全国"一村一品"茶叶示范村、中国最美休闲乡村、全国文明村镇、全国乡村治理示范村镇、全国民主法治示范村（社区）……今天的军营村取得的荣誉不计其数，已成为乡村振兴的样板，我们在"五位一体"上都有相应的探索。本章说的是产业兴旺的探索，源于"多种茶多种果"的产业发展思路，茶叶作为我们村产业支柱，是我村"一村一品"的生动实践，贯穿了军营村的整个发展史，为我村脱贫致富立了头功，形成了以高山乌龙茶种植、加工、文旅相结合的茶产业链乡村发展模式。在此基础上，我村将高山茶与茶叶文化相结合，以制茶体验为主开展乡村研学项目，不仅推广了乌龙茶，也逐步形成了军营村高山茶地域品牌，军营茶叶变得更有代表性，相信在未

来的发展中，茶叶依然可以为我们村带来更多的惊喜。

习近平总书记曾经一针见血地指出，解放思想是摆脱贫困的关键，并明确指出"弱鸟可望先飞，至贫可能先富"。军营村就是这只弱鸟，在习近平总书记的精神指引下，抛弃"等、靠、要"的思想，解放思想，做到了敢飞、善飞。

第一节　"弱鸟"军营村

1986 年之前的军营村真是贫穷而又落后，那时的路真就应了"这里的山路十八弯"这句歌词，村民们走到县城要 10 个小时以上。那个时候电力还没有通，生活如此困难，更别说生产发展了。就算我们的茶叶品质再高、产量再大，没有基础设施的建设也是白搭。

都说"靠山吃山靠水吃水"，我们军营村海拔高，坐落在厦门市第二高峰"状元尖"脚下，海拔平均 900 多米。从同安县城（今同安区）到军营村就只有一条坑坑洼洼的小路，即使是开车也要两个多小时才能到县城，现在的环村公路还是那年之后才修的。这里山势高低不平、海拔又高，昼夜温差是非常大的，一年只能种植一季的稻子和蔬菜。现在我们遐迩闻名的茶叶在那时的生产环境也是同样的辛酸落后，种植面积只有 400 亩，村民所得的人均年收入仅仅 280 块钱。

导致贫穷的原因不只是在地理环境上，根据考察得知，我们村的人口多、基础设施差及由此带来的与市场的联结程度低、生产资料匮乏再加上劳动的技术水平低，还处于人力劳作。更加雪上加霜的是，我们还陷入了贫困的恶性循环当中：那时的村民文化程度很低，思想上还是很传统的小农思想，一贫困就是想着多生几个小孩充当劳动力，地少人多的情况下盲目开发土地和过度利用，由此带来的是生态退化。而由此导致了灾害的频发，使得军营村陷入了贫困加剧的尴尬局面，成了一只名副其实的"弱鸟"！

第二节 "三产"的发展与融合

第一、二、三产业融合发展是乡村振兴战略的主要抓手，要通过打造农业新产业、新业态、新模式，来延伸农业产业链，进而实现农业、农产品加工业、农村服务业的融合。近些年，"三产融合"的相关模式层出不穷，军营村也做了一些探索。

一、第一产业：开荒种茶，瓜果飘香

军营村的地理环境其实不是很适合种粮食，可是村民们那时不懂茶叶的潜力与市场，还是坚持种地瓜和稻子，水稻的种植还要跑到半山腰的大祠附近，别提多辛苦了。那个时候大伙多想吃不稀的白米粥啊，茶叶又填不了肚子，下山卖茶也不方便，茶园就只是用种地瓜、稻子的闲暇时间来看看。

自从习近平总书记来了之后，呼吁我们要因地制宜、保护生态、大力发展茶业，我们才开始真正地抛弃老旧观念，转变发展思想，振奋精神，一心一意种植茶叶。我们认识到几万亩山地就是我们的"金娃娃"，大伙都发奋开荒种茶，两年后我们就几乎不种水稻，一心一意种茶了。一想到过去的困难岁月，我就想我们是穷怕了。大家就想着，多种一点茶，就能多赚一点钱，这是我们心中朴素的梦想，于是起早贪黑开辟出新的茶园。一开始全靠人力，

后来在西营茶业专业合作社开通了11公里的机耕路以后，我们就用大型机械开垦茶园，农闲时节满山的挖掘机在作业。

众所周知，茶叶是福建人的文化名片，福建除平潭县和东山岛外，几乎都为宜茶区。同安区茶叶种植的主要区域在莲花镇，而莲花镇的军营村有着悠久的种茶历史。西晋末年以来，祖辈就常以茶叶为生。而今天的茶叶市场尤其庞大，军营村因为高海拔和温差大，有利于产业的品质，同时这里又靠近厦门港，为茶叶发展打开契机。

习近平总书记第二次调研时叮嘱莲花镇政府招商引资以来，军营村在厦门市、同安区政府的牵头下，成功引进了祥裕茶业公司。该公司对村民种植的茶叶进行统一收购和统一加工，村民只管种植，不用担心自己的茶叶销路。

除了茶叶以外，我们能种的东西还有很多，种的东西不仅能卖还能吸引游客，这就很好。后来我们开始种植小番茄，前面说到我们这里的气候昼夜温差大，这有利于糖分的积累，像新疆那边就是因为昼夜温差大才可以种出享誉世界的哈密瓜，又甜又多汁。在我们这里的气候条件下，小番茄口感极佳，比普通的小番茄糖度要高出7—9。小番茄美观又可口，还有很高的健康价值，因此市场越来越大。有需求就有供应，2017年厦门百利公司和军营村合作建立了"军营红"番茄基地，采用现代农业的种植方式，现在在厦门的很多超市和水果店都能买到我们的小番茄。

除了小番茄和茶叶以外，我们在2017年和白交祠村合作展开了"花果山行动"，就是要在两个村的茶园和房屋的前后都给种上几万株果树，这样可以将两村打造成美丽花园和果园。我们在离村子较近的130多亩茶园里套种了3400多株杨梅树。村里的农家乐先行者之一的高水银，把自己家基本荒废的茶园改造成了果园种植水蜜桃，他想，桃树开花可以吸引游客来赏花，桃树结果又能吸引游客采果。

二、第二产业：加工厂、合作社利益共享

1980年，我向同安县农业局申请3万元资金，带领村民开垦七仙岩茶场300亩。后来山正好茶业公司将七仙岩茶场承包并深耕改造，规模扩大至800亩，发展高山茶成为莲花镇数十年来"山上戴帽"的重要依托。每年为村集体增收8000元，每10年递增百分之十。1986年之后，村民们把主要心思放在种植茶叶上。但是传统的手工采摘和手工制茶追赶不上茶叶的产出，很多茶叶因为村民们的效率低而白白烂掉。1998年，我们在厦门市政府和同安区政府的牵头下成功引进了祥裕茶业公司，这家公司在1996年成立，有大批茶叶生产、审评的专家和技术人员，制茶工业已经非常成熟。所以，我们非常放心地把种植好的茶叶让他们回购和销售。

与此同时，在厦门市委农办和市农技中心的扶持下，我们得到一笔70万元的扶持资金，用来建设茶厂和购买制茶的设备，建成了现代化的茶叶加工工厂并投入使用，成功地扩大了本地村民的就业。茶叶经过茶厂加工后再被收购，那么收购的价格就多了附加值的价格了，1斤大概能提高2—3元钱，这样一来，全村一年就增收了近150万元，此前投资的70万一下就赚回来了。

从手工到机械化是有着质的变化的，对于军营村来说，这是一场"生产力革命"。村民苏德水说："那个机器一台要3000多元，如果是在以前，我们一年赚下来的钱都不够买。靠手工制茶，一人一天只能做20斤，用机器至少

能提高一倍的效率，所以这个机械很重要，很好。"实现了机械化也标志着我们从自产自销的小农模式走向了"生产在户、服务在社"的发展模式。到了2009年，村民人均年收入涨到了9000元。"山上戴帽、山下开发"的核心理念基本得到贯彻，山上保育水土，山下种茶种树。至今已经有了6500多亩的茶园和4100亩的公益林。

但是之后也出现了问题。几年之后，不只是我们军营村在扩大种植面积，福建其他种茶区乃至全国宜茶区的面积都在扩大，茶叶市场竞争越来越激烈，茶叶市场开始走下坡路了，进入了低迷时期；同时，我们的茶叶没有很强的竞争力，在这种情况下，如果不进行反思改进，可能会被市场淘汰。

人们的生活水平提高了，对茶叶的品质要求也就提高了，市场需要品质更高的茶叶，而我们当时却制造不出符合市场的好品质的茶。我们思来想去终于发现了问题：我们的茶尽管体量和规模很大，但是仅仅靠扩大规模增加收入的老路已经被市场抛弃了，我们的茶叶生产主要还是集中在散户上，茶叶种植地非常分散，茶园是分散的，品种也是分散的。而且最重要的是，从茶叶采摘到销售的过程中完全没有统一标准，这点直接导致品质出现大问题。而解决的办法就是向现代农业靠拢，即打破旧观念，积极创新，向科技和市场靠拢。

如何解决呢？如同治水得治源一样，既然问题出在散户身上，那么就要在散户身上找办法了。所谓"兄弟齐心，其利断金""人心齐，泰山移""团结就是力量"，于是我们想到了专业合作社这个模式，凝聚力量来解决现实问题。2010年，我们村的村民高水银和其他几个村民带头创办西营茶业专业合作社，合作社这种形式能够做到收益共享的同时风险共担，即使茶叶生产上出了什么问题，风险是共担的。初步效果非常显著，村民们也都非常支持，有一半的家庭都入了社，正式开始"抱团"。据高水银说，合作社主要办了非常重要和对茶业发展利好的三件事：第一件是请很多茶叶专家给我们村民教授指导更为先进的种茶和制茶工艺，还包括出钱派社员去其他的茶叶生产基地学习施肥、防虫、越冬管理等技术；第二件则是为茶社注册商标，并通过了无公害认证，积极主动地拥抱市场；第三件事就是申请长达 11 公里机耕路，让茶园达到机械化水平，提高生产效率。除此之外，合作社为了提高茶叶质量制定茶叶生产标准，茶农散户要按照标准提供优质茶叶，这样就在源头上杜绝了质量参差不齐的情况。这样一来，不仅直接推动茶叶规模发展，拥抱大农业，还做到了提高茶叶质量和社员抵抗茶叶市场波动的风险能力。而且有了注册商标以后，"最贵的茶当时能卖到 280 块钱"，村民高水银说道。

正所谓"火车跑得快，全靠车头带"，除了西营生产合作社以外，龙头企业也是非常重要的，作为龙头企业的云山茶业有限公司和恒利茶叶公司也在积极利用它们自身的优势条件和资源来帮助我们。在它们的帮助下，我们先后提供更优质高级的茶叶品种如玉桂、单枞、乌旦和金观音等。本来村民们种植的是较为低端的毛蟹和本山等，现在我们还有了自己的茶叶品牌，像如今非常有名的"慕兰乌龙"和"雅毫观音"。很快在龙头企业帮助和合作社经营下，茶叶品质和销量又回来了，我们拥抱市场的同时，市场也接受我们，茶叶经济又重新走上了发展的快车道，到 2013 年，村民的人均收入正式突破万元。

虽然我现在 80 多岁了，不懂"O2O""互联网 +"什么的，但是我知道国家支持的肯定是好东西，我也知道要打破观念，与时俱进。"O2O"模式在网上就能把东西给卖出去，顾客还不用出门就能买到我们的茶叶和其他的农副产品，这可真是方便。

我们村苏银坂在我们村开了第一个淘宝店，专门卖我们村的茶叶、地瓜和蜂蜜。当时他开店的启动资金还是我们的书记高泉阳借钱助他返乡创业的。"因为高山两村的交通不是特别方便，所以一些村民愿意将自家出产的农产品放到我这里销售，我给他们解决了乡村物流'最后一公里'的问题。"说到这个淘宝店，那可还真是益处多多，它是村子到乡镇物流的最后一站，而且只要有网线和电脑就能卖东西，很少或不经过经销商的手和很多中间环节，自然而然，利润也是肉眼可见的，开业第一年就有净利润8万块钱。当然这个淘宝店也有政府的功劳，"从2020年6月开始，我们每天至少会有一班车往返山上山下替我们'发货'，这比过去一周一班要更便于将我们最新鲜的农产品送到买家手中。"苏银坂表示。而这都得益于高山党校公交公司，其负责把军营村和白交祠村待出售的农产品运到快递站。这个淘宝服务站是阿里巴巴和政府共同打造的农产品经销平台，而且这个"村淘"不仅能卖东西给顾客，还能帮助村民创业。只要想创业又缺乏资金的村民，通过"村淘"上的"普惠金融"，符合条件后就能得到贷款。

除了淘宝店，这几年又兴起了短视频。2020年5月，同安区几个部门联合举办了"同安安心消费节之一村一品大联展"，其中有个叫"花生小姐"的主播和我们的大学生村干部一起在网络平台给网友"带货"，介绍村里的特色地瓜、高山茶等农副产品。

我们发现，新平台不仅能带动产品销量，还能在互联网上塑造我们军营村的品牌形象。虽然淘宝是较早兴起的网络购物平台，但是我们还是要与时俱进，毕竟现在很多顾客喜欢听其他使用过的消费者说故事，就是那些来过军营村、喝过高山茶的人说好，他们才会信，"王婆式"的自夸效果不好，所以现在很多帮我们推销卖货的主播，其实并不是我们的商户，而是真的用过产品觉得好的。新兴起的平台我们也要积极主动地靠拢，这些平台好处多多，我们知道人要往前看，时代在变化，我们的发展策略也要随之变化，多些营销思路和手段总是有利的，无论是对我们生产者或是消费者都有好处。

当然，眼光不能局限在省内和国内，想要做大做强，还要积极拓展海外市场，我们对自己的茶叶品质还是非常有信心的。同时要实现"大农业"和打通国际市场，我们需要科技创新和以市场为导向。现在欧盟对茶叶中的硫丹残留标准要求从过去的每千克 30 毫克变成了每千克 0.01 毫克，标准瞬间严格 3000 倍。国外要求和标准高了，国内也对咱们进行绿色壁垒了。我认为这是时代必然，也是一个新挑战。所以，必须转变观念，继续振奋精神，只有朝着高水平、"大农业"的生产方式进行科技创新，才能迎刃化解困境。

以过去单打独斗的散户为主的模式行不通了，我们要发挥我们合作社的重要作用。首先要做的就是学习更先进的技术，从品种选育到销售的各个环节都要科学严格，要走精细化道路，做到从原料到包装都是一流的。在中国抗疫领先世界的时候，我们的对外贸易也是如此，世界看到中国的大国力量的同时更加需要中国的出口贸易。努力是有回报的，我们做到了科学地提高茶叶质量，同时我们依赖厦门经济特区的港口优势，光是销往日本和东南亚的"毛蟹"年销售额就达 5800 万元。

科技可以用在茶叶上，当然也能用在其他作物上，比如，前面提到的"军营红"小番茄，就是百利种苗公司提供了从优质品种苗到管控监督种植的全过程，才有现在的效果，比普通番茄甜 7—9 度，还是绿色有机的，深受顾客喜爱。

三、第三产业的发展——旅游业

从 1986 年到现在，我们的茶叶发展越来越好，彻底贯彻了"山上戴帽、山下开发"，曾经因被过度开发利用而光秃秃的山，现在已经戴上了绿油油的帽子，有 4100 亩生态林，并且和白交祠村共同享有 24000 亩的青翠山地。曾经导致贫穷、落后、封闭的偏远山区条件如今变成了我们的优势。靠山吃山，靠水吃水。我们村位于厦、漳、泉三市交界处，在地理条件上就能吸引到 3 个市的游客。加上环境清秀、植被丰富的自然环境和我们完善的茶业发展，这些先天的条件让我们能够做到以茶为导向来发展乡村旅游业。

以前吃山上种出来的地瓜和一点点稻米，现在"山下开发"大力种茶卖茶来摆脱贫穷，还能用"山上戴帽"的发展理念实现茶叶市场和旅游业的完美融合。经过这么多年的发展，我们拥有了生态绿色的旅游环境，在党和政府的帮助下，民生问题也在很大程度上得以解决，尤其"美丽乡村"让村道变宽敞整洁。还有污水治理、人饮水源、庭院美化、路灯亮化、村庄绿化等，都让军营村变得绿色宜居。军营村的宜居优势为我们吸引了大量的游客，其中有个叫老陈的龙岩人非常喜欢带上自己的家人每年抽空到军营村住上一段时间，他在这里每天天刚亮就起床跑步，他说："跑一圈，感觉身体都轻盈了很多，非常健康。"运动过后他就吃点农民自己种的菜，他觉得在这山上自己种的菜非常健康，有时候他带着自己的老婆孩子爬爬山，下午找村里的老人聊聊天话家常，因为在他看来，和我们村民相处很纯粹，也很融洽。

我们村的村民确实淳朴善良，之前有游客在村民那买土特产时，不小心把两张百元大钞叠在一起了，在游客没有发现的情况下我们的村民追了很远把钱还给了他，这种拾金不昧的事迹很多。在这儿游玩，颇有《桃花源记》

里世外桃源的感觉——"阡陌交通，鸡犬相闻""黄发垂髫，并怡然自乐"。

所谓旅游，"旅"的不仅是自然生态，还有当地的生活民风。曾经那个落后的军营村不说生态破坏得光秃秃，就是村里的环境也是差得一塌糊涂。在过去，露天旱厕随处可见，臭味和蚊虫让人感到恶心，再加上村民到处散养的家禽，到处都是粪便。好在这么多年全村的村民认识到环境的重要性，齐心协力，把所有的鸡鸭都圈养起来，然后老人协会牵头负责村内卫生整洁，监督村民做好"门前三包"——卫生、绿化和美化。随着美丽乡村建设的推进，我们村也开始不断完善各项环境整治和基础设施建设。积极推进污水治理项目，并采取庭院美化、路灯亮化、村庄绿化等措施，让乡村变得更美，家家户户都盖起了新房，让民生变好的同时也用美丽环境吸引了游客。军营村由此获得了全市环境卫生评比七连冠、福建省美丽乡村文明建设典范村等荣誉，展现出了新农村的新风貌。

能够大力地发展我们的乡村旅游，除了要感谢习近平总书记两次调研带来的发展理念，还要感谢乡村振兴、美丽乡村、"五位一体"建设等政策的落实。2013年我们被列为"五位一体"建设试点村，我们也不负期望，抓住机会在政府和有关部门的扶持下，不断优化基础设施和景点。按照"五位一体"的试点要求，我们结合乡村当时的实际情况，积极探索美丽乡村建设与管理"厦门军营村模式"，努力打造军营村自己的核心特色品牌。我们转变发展理念，推动军营村新型城镇化和美丽乡村发展，加上我们"山下开发"的大片茶园，不但能种茶卖茶发展第一、二产业，还能把这些茶园利用起来吸引游客，实现第一、二、三产业的融合。

军营村离厦门市区近，对那些高消费城里人来说，在周末或者短假中进行短途旅游是非常方便的，来得早的游客还能当日来当日走。另外，茶农们在田间劳动也能勾起游客们对大自然的向往，正所谓"结庐在人境，而无车马喧"，而且福建人又好喝茶，来到这里既能采茶也能饮茶。

军营村除了自然绿色的景观，历史文化也是相当丰富的，我们村历朝历代都是兵家必争之地和军事驻地，到现在还保存很多古代遗址和古建筑。除此以外，近现代的历史遗产也是军营村的特色旅游资源，如军营村的防空哨所，对国防事业有着巨大贡献，由此也被中央军委授予了优秀哨所的荣誉称号。2013 年，防空哨所被重修，成为厦门革命老区国防、人防、爱国主义和红色旅游教育基地。

不只是红色旅游景点，还有彩色的，如遐迩闻名被誉为"闽南小九寨"的七彩池就是我们的明星景点。它是月牙儿形状，池水晶莹剔透，清澈见底，最有意思的是由于池水底下有各种矿物质多年沉积，池水经光折射后形成了五颜六色的瑰丽景色，这也是被称为"闽南小九寨"的原因。这个景点其实从前是个废弃的小水塘，是厦门市财政和同安区财政投入 200 万巨资改建之后，才让这个小水塘变废为宝。这 200 万元主要用于对七彩池的大坝、溢洪道、放水涵洞进行除险和加固，同时把七彩池的库容量扩增到 4000 立方米；把原来的溢洪道改成暗沟形式后再配合多彩廊，形成一个小广场，让游客可以在此休息；最后对于施工便道和裸露出的山体，我们灵活地种上各种多彩植物花丛，形成几条花间漫道，再辅以景观步道和凉亭，使这里成了绝妙的观光点。这些工程的实施和落实除了能吸引游客来旅游、休闲，还能为水池周边的茶园提供灌溉水源，实为一举两得。

还有更多的景点我就不多做介绍了，现在在网上一搜能够看到非常多的旅游攻略，这也是对我们军营村这么多年以来的努力的认可。

自从"五位一体"建设开始，我们军营村就一直在对村内的旅游资源进行梳理，还进行了"筑巢引凤"，巢就是我们的一些特色景点，凤就是要吸引的人群。说实话，我是看着军营村一步步变成如今这样，我是真心希望有越来越多的年轻人可以来军营村旅游：一方面能放松身心感受自然；另一方面了解到我们军营村的发展历史，也能感受到祖国的伟大和富强。现在我们已经形成了完整的旅游产业链，主要是以山水观光、休闲餐饮、农业观光为主的产业结构，效益也是很好的。比如在 2019 年，这一年的旅游综合收入高达450 万元，其中正在运营的农家乐有接近 20 家，累计接待的各类游客和各类培训班学员也总计 31 万人。

有了资金后我们陆续修建西部茶文化公园和东部山体生态公园，还增设了一些基础设施，如自行车绿道、慢行步道和休闲亭等。光是这些还不够，我们还想让消费者感受到我们的乡村品牌，于是举办了越野跑步比赛和儿童创意绘画比赛等活动。

旅游业应该向科技靠拢，积极创新，一定要以市场为导向，坚持为消费者提供更好的服务，这是必须坚持的。日本旅游之所以那么发达，就是因为日本为游客打造的旅行体验是细致入微的，所以我们也要在细节上把旅游业做好，比如民宿的质量。为此，在 2018 年，由军营村茶香明珠旅游合作社与厦门旅游集团下属文旅公司合资成立军营红乡村开发公司，有了厦门旅游集团的专业化管理、规划与运营，策划出了"鹭江山居""军营山境"等品牌的民宿产品。有了品牌后还不够，我们还为乡村民宿打造编制标准开发出民宿管理平台，进一步对管理科学化。现在的民宿业质量参差不齐，缺乏监管，一开始会形成恶性竞争，带来内部消耗，所以合作联合才是发展所需要的。为此，我们还自发地和周边邻近的观光旅游业的农村展开合作，并成立首家乡村旅游股份合作社，一方面规范管理和资源利用；另一方面也进一步塑造了军营村的乡村旅游品牌形象。效果是立竿见影的，2018 年 10 月，福建省乡村旅游服务质量等级评定委员会将军营村评定为四星级乡村旅游村；2019 年 5 月，福建省住建厅也将军营村评定为福建省金牌旅游村。至于餐饮，乘着旅游业繁荣发展的东风自然也不会落下，有的饭店食材都是自家产的，利润还算比较可观，每年营收达五六十万元。

服务要不断升级，景观设施也要不断完善，为此我们发挥西营茶业专业合作社的抱团力量，联合当地两家龙头茶企，让我们的茶农定期学习茶树修剪和造型技能、茶叶种植园的景观排布，还有一些现在非常火的造景技巧等。

为了发展好民宿和农家乐，军营村和白交祠村引进了专业"外援"，两村村委会与厦门高山红教育公司展开合作，创办了高山乡村学堂，给村民提供提升民宿精细化管理等专题讲座，为村民提供乡村旅游的文创开发，此举进一步推动了乡村旅游的发展。在一次厦门高山乡村旅游休闲季启动仪式上，有 5 个烹饪专家和民宿专家走村入户，提供给村民实打实的乡村旅游特色发展的"干货"，手把手指导村民精做一桌饭菜、装饰一间民宿和制定一件件伴手礼。

"最近这两年，有不少游客来到军营村避暑，一住就是大半个月。"我们村开民宿的杨美春说，"游客都很喜欢军营村的夏天，只要高温天气一到，就会从岛内过来。"厦门纬度低，夏天确实炎热，靠海的市民起码还能吹吹海风缓解缓解，岛外不靠海的人就像在火炉中一样，即使风大也是热风，治标不治本，温度摆在那儿，出门不注意还容易被晒伤。我们军营村得益于接近千米的海拔，加上我们坚持"山上戴帽、山下开发"的发展理念给我们带来了实打实的生态环境，即植被覆盖率高，没有城市的"热岛效应"，因而气温会比城市低非常多。再加上山里树多风大，我们村是整个厦门市温度最低的地方，对于周边山下的人来说，可以把这当成厦门市的"避暑山庄"了。而我们军营村人自己也是不觉得热，在村里基本不穿短袖，晚上更不用开空调，而且还要盖被子，不然可能要打喷嚏了。军营村确实凉快，2020年6月，福建省气象学会和福建省旅游协会联合发布了2020年"清新福建气候福地"认定结果公示，包含了本省16个避暑清凉福地和12个滨海休闲度假福地，其中就包含了我们莲花镇。这次气候福地推荐认定是基于综合考察生态、环境和配套旅游服务等因素，采用统一的评估技术指标，根据气候特点、四季景色、气象景观综合评定分类。别小瞧省里的部门评定，根据往年的经验，一般获得首批避暑清凉福地的景区在旅游业方面的收入有着明显的增长，主要体现在接待游客、住宿和餐饮消费这几个方面。就说2019年，得到这些评定的景点在游客接待方面增长了23.4%，餐饮消费同比增长21.2%，住宿消费同比增长了28.5%。所以，莲花镇被评定成"避暑清凉福地"我还是非常开心的，军营村又能因此向着"山上戴帽"生态旅游发展更进一步了。

被评定为"清凉避暑福地"不到两个月，军营村举办了一次由镇政府支持并联合厦门旅游集团和两村村委会联合主办的高山旅游休闲季的活动，旨在进一步做好旅游的细致工作。当时还一同启动了学堂揭牌、向旅游顾问团颁发聘书等几个活动，目的是进一步精细完善我们的旅游发展，提升旅游服务质量和打造新的乡村旅游名片。举办活动那天的天气，山下是酷热难耐的，而此时此刻的军营村却是个"清凉世界"，所以在军营村展开活动是绝佳的，突出了我们军营村独特的旅游资源优势。现场发布了多达7个高山乡村旅游休闲特色线路产品，分别是以"避暑清凉福地"为卖点的"哪里凉快哪里去"主题产品，以"厦门离天空最近的村庄"为卖点的"夜宿星河畔""房车侧畔，星河相伴房车星空二日游"主题，最后是"爸爸的童年亲子一日游""野趣一天""在厦门茶山做茶人""军营夏令营·听山的话"这 4 个结合了高山原生态茶园景观元素、夕阳、星空等独有资源的主题。这些主题不仅因其包含的范围广而吸引人，就是把每一个主题单拎出来也很吸引人。

这个旅游休闲季活动一直持续到那年的 10 月下旬，这接近 3 个月的时间，光颁布产品肯定是不行的，启动仪式结束后就陆续开展了一系列旅游活动，"吃喝玩乐"几个元素当中，涉及吃喝的有高山乡村农家乐当地网红菜评选；和玩乐相关的有高山乡村网红节点打卡大赛、厦门高山乡村摄影大赛和高山乡村生活节等活动。

不仅是夏天能来军营村避暑，有时在冬天受到寒潮影响，气温还会跌破 0℃，甚至还会下点小雪，这是在山下不可能出现的情况。2018 年，军营村迎来了多年来的第一场雪。厦门下雪这也算得上是"奇观"了，好多山下市民在确认情况后驱车来这赏雪。那天晚上整个朋友圈几乎都被我们厦门军营村下雪刷屏了。不仅是朋友圈，还上了微博热搜第一名，真应了那句我新学的网络流行语——"活久见"，意思是活的时间久了，这种事情都能见到。这场雪我称它为"瑞雪兆丰年"，不仅因为它在年末而来，而且还在全国人民面前给军营村打了个广告，我相信，军营村接下来的发展也会越来越旺、越来越红火。

假如现在我作为一名游客，在体验自然生态方面，我能在海拔 900 米高的山边看美丽的日出和日落，能在晚上看到城市里看不见的纯净星空以及听到原生态鸟叫虫鸣；在农家乐体验中，我可以和村民们一起体验采茶制茶、摸鱼捉虾，还有在果园里摘桃子、杨梅以及烤地瓜；夏天还能带着家人远离炎热来这清凉福地自在避暑，可以住在符合厦门旅游集团制定标准的特色农家民宿。不论是吃喝行走，都能在充满绿色和生态的高山环境中感受到自然和朴实的农村，岂不美哉！

四、第一、二、三产业融合

从种茶、加工茶、销售茶，再到茶观光，形成了一个完整的"三产"融合。也就是说，从茶叶的种植、采摘到制茶和旅游相结合，以此带动旅客们采茶和制茶体验，并同时向他们销售精美的茶礼和茶叶文创产品。

厦门市和同安区出台的多项政策措施，鼓励我们军营村通过产业转型和市场拓展等方式，从我们当地的资源优势出发，发展文化旅游、健康娱乐等特色文化产业。这有利于我们当地的贫困人口通过在本地创业就业，发展特色文化产业，从而告别贫困，也有利于保护和传承优秀传统文化，推动区域经济结构的转型升级。

随着游客的剧增，越来越多的农家乐和民宿开了起来，但也有新的问题出现。我们村的旺季是在夏秋两季，特别是夏季；而到了冬天和初春，高山上气温还较低，所以游客来得不多。可一到旺季，问题就会显现出来。有的农家乐和民宿忙得不亦乐乎，有的则冷冷清清，这对从业者来说不是好事。但该如何规范农家乐和民宿经营？

我们村与白交祠村通过成立旅游股份合作社，加上与厦门军营红文化旅游公司合作，这系列的问题迎刃而解了。成立旅游股份合作社，是为了把村里的农家乐和民宿进行规范管理，提升服务质量，打响乡村旅游品牌，实现村强民富的目标。旅游合作社"福利股"的推出，受益者是全体村民，目的是让乡村旅游发展的红利惠及更多的村民。这样一来，村民的热情和积极性就提高了，村民们维护全村旅游环境的主动性、自觉性也增强了。事实上，成立旅游股份合作社就等于是一个旅游联盟，是一个全体村民的利益共同体，这样可以进行统一管理、统一标准、统一合理调配资源、统一监督，使大家不仅不会相互拆台，而且取长补短。游客的舒适度、满意度和我村旅游品牌的美誉度也会大幅提升，使乡村旅游迈上良性发展的轨道。

在厦门的版图上，我们军营村是古老而美丽的；在乡村旅游的征途上，又是年轻而时尚的。不只是村两委，更有我们一代代的年轻人为自身幸福和构建中华民族伟大复兴而奋斗，这是全体村民振兴乡村的信心和决心，也是美好的发展前景。

第五章　生态宜居：勠力同心，终改面貌

今天，每一个来到我们村的游客、朋友，都对军营村的宜居生态赞不绝口。作为一个被山水环绕的美丽小村庄，村内绿树成荫，景色宜人。然而，20世纪80年代的军营村，所见之处呈现出一派荒凉景象，是远近闻名的贫困小山村。在之后短短的30多年间，全体村民们自觉践行"山上戴帽，山下开发"的理念，同心协力，终于靠自己的双手和智慧，打造出一个全新的高山世界。

在我担任村支书时，其实我是有一个小小心愿。因为每当我们在外出差，或各种原因去到外地外省，很多人一听我们来自厦门，都由衷称赞厦门是个花园城市、生态宜居。这个时候，作为厦门人，我就非常自豪。但说实话，那个时候的军营村远不是我们现在看到的样子，生态宜居无从谈起，所以从那时起我的心愿就是我们村也可以像厦门环岛路一样，一步一景而且均是一件心仪景观作品。

为此，在村子发展起来、村民富起来之后，我们村两委就把生态宜居作为我们"新长征"路上的工作重点之一，主要表现在以下三个方面：一是在保护自然生态方面做出了积极的努力，村里山水资源得到很好保护，没有被

破坏或污染，使得这个小村庄的空气清新、水质清澈、土地肥沃，成为适宜居住和生活的美丽家园；二是在改善人居环境方面取得较大的进步，基础设施逐渐完善，村内道路宽敞整洁，交通网络四通八达，住房条件显著改善，陆续建设了文化活动中心、图书馆、老年人活动中心等设施，丰富了居民的文化生活，改善了居民的生活品质；三是在提高居民生活质量方面做出很多努力，推广环保、健康、文明、科学的生活方式，丰富村民多彩生活。

归结起来，就是我们历届村两委，不断通过保护自然生态、改善人居环境、提高居民生活质量等措施，让这个小山村逐渐实现了从贫困到富足的转变，成了一个适宜居住和生活的美丽家园。

如今的军营村，是这样一番景象：处处绿意盎然，鸟语花香；绿油油的梯田式茶园，在微凉山风吹拂下"泛着波浪"，好一幅美丽的田园风景画。今天，军营村作为厦门市一个省级人居环境整治示范村，通过政府帮扶和农民自主参与相结合的形式，以开展环境和景观综合整治为重点，对规划建设无序、环境"脏、乱、差"和配套设施不完善等突出问题进行治理，努力建设成布局合理、房屋美观、环境整洁、配套完善、产业发达的宜居环境试点村。并先后荣膺了全国"一村一品"示范村镇（茶叶）、中国最美休闲乡村、全国文明村、全国乡村治理示范村、福建省金牌旅游重点村、福建省生态村、福建省美丽乡村文明建设示范村等多项称号（见图 5-1）。

图 5-1　军营村的部分荣誉牌匾

30 多年来，军营村大力推进环境综合整治提升、生活污水治理、饮水源改建、休闲观光农业基础设施建设、房屋立面改造等多项重点工程，实现道路硬化、庭院美化、路灯亮化、村庄绿化，使村庄环境焕然一新，军营高山人收获了无数的幸福感！我想，这不就是"生态宜居"的应有之义吗？

事实上，2018 年中央一号文件《关于实施乡村振兴战略的意见》已提出："到 2035 年，农村生态环境根本好转，美丽宜居乡村基本实现。"文件指出："乡村振兴，生态宜居是关键。良好生态环境是农村最大优势和宝贵财富。必须尊重自然、顺应自然、保护自然，推动乡村自然资本加快增值，实现百姓富、生态美的统一。"[①]

[①]　新华社. 中共中央国务院关于实施乡村振兴战略意见［EB/OL］. 2018-02-04. https://www. gov. cn/zhengce/2018-02/04/content_5263807. htm?tdsourcetag=s_pctim_aiomsg.

毋庸置疑，生态宜居是实施乡村振兴战略的关键环节，是提高广大农村居民生态福祉的重要基础和保障。实现生态宜居，应着力在"宜"字上做文章、下功夫，遵循人与自然和谐发展的规律，从生态环境建设入手，以优美环境带动乡村其他领域共同发展，实现农业农村现代化。建设生态宜居的美丽乡村，是实施乡村振兴战略的一项重要任务。为此，军营村在自觉践行"山上戴帽，山下开发"和"绿水青山就是金山银山"的理念，厚植生态底色，突出发展特色，彰显乡村本色。

看到军营村通过我们自己的双手一点点发展到今天的宜居村庄，我们作为当事人都是非常自豪的。现在我们老人协会的老同志也都在积极发挥余热，我自己也希望通过担任义务讲解员，通过讲述我们村的过去和现在，畅想军营村的未来。在这个过程中，我总是不忘感激我们的新时代，庆幸自己生正逢时。在未来，我相信在党中央，在各级政府，以及社会各界的关心、支持下，我们这个小村庄还将继续发挥更大的作用，成为一个更加美好、宜居、可持续发展的社会典范。

生态宜居，乡村振兴，军营村一直在路上！

第一节 军营村"乡村宜居"基本内涵

生态宜居既是乡村振兴战略中的重要一面，也是确保乡村实现全面振兴的重要一环。推进生态宜居表明我党对新时代新农村的发展建设规律的把握程度逐步加深，也更为精准。

一、军营村生态宜居的内涵

"生态"和"宜居"二者是相互依存、辩证统一的关系。"生态"从字面上看指的是自然环境、自然生态。但是，单纯处于自然生态下的自然环境是无法达到"宜居"要求的，所以，乡村的"生态"，必须是人文生态环境、乡村生活环境和自然生态环境的统一。"宜居"就是适宜人类居住的环境，并且这种居住环境要不断优化，达到人类理想居住地的程度。

生态宜居从其内涵上讲，精神和物质两个层面都必须涵盖到。精神层面指人文环境对人的发展有潜移默化的影响，生活在"生态宜居"环境中的人们，在日常的生产、生活过程中，精神境界和文明程度都能够有所提升。物质层面比较好理解，就是生态宜居建设，生态环境能够得到改善，环境承载力的提升度也能够被村民感知到。

我们军营村的"生态宜居"，致力于打造良好的生产和居住环境，提高居民的整体生活质量。其内涵具有以下3点内容：

一是突出自然与农业和谐的优美环境。农业景观是乡村环境的重要组成部分，乡村环境的优劣，很大程度上取决于农业景观的建设情况。新型农业要求农业不仅是单纯提供农产品的单一产业，而是要发展成集景观、休闲、旅游、文化等多功能为一体的综合产业。所以，建设农业景观、打造优美的农村自然环境，是军营村乡村生态宜居建设的重要内容。

二是加强基础设施投入使之臻于完备。2019年中央一号文件指出："实施村庄基础设施建设工程，健全村庄基础设施建管长效机制。"基础设施是乡村生态宜居建设的重要保障，军营村的污水处理设施、垃圾处理设施、厕所卫生设施等，都是以高标准进行投入和建设的。对乡村道路的硬化、路灯的亮化、饮水的净化，这"三化"都是同时进行高规格的优化建设的，这也是能够切实提高乡村居民生活质量的。所以，完备的乡村基础设施，是军营村乡村生态宜居建设的重要内容。

三是保持村容村貌质朴整洁。2019 年中央一号文件对村容村貌作出了重要表述："抓好农村人居环境整治三年行动，全面推开以农村垃圾污水治理、厕所革命和村容村貌提升为重点的农村人居环境整治。"村容村貌的整洁不仅能为乡村居民营造舒适的生产、生活环境，也有助于村民精神面貌的改善、生活质量的提高。所以，村容村貌整洁是军营村乡村生态宜居建设的重要内容。

是的，军营村一直以来就是这么做的，让我们来听听莲花镇人大主席，同时也担任同安区乡村振兴军营白交祠片区工作组副组长的陈水共参与军营村生态建设的心路历程。他全面参与军营村实施环境整治提升项目，每周上山至少五次，和工作组成员们兵分多路，把村里的"厕所革命"项目以及垃圾治理、污水治理、农房整治、村容村貌等项目"走透透"。溪流沿岸的鹅卵石怎么铺设，哪种植被更适合高海拔的生长环境……工作组一家一家跑，一件一件办。上百栋经过"裸房整治"和"平改坡"改造的房子穿上了"新装"，一批美丽庭院焕发新颜。陈水共说："这几个项目，我们从 2017 年 11 月开始到现在，都到了收尾阶段，整个硬件设施又上一个层次，为我们整个旅游产业的发展，奠定一个比较好的基础。军营村有着独特的自然生态资源和文化资源，如今硬件改善了，软件也要跟上。他们有信心，通过引进国企参与乡村旅游经营管理，实现'近者悦，远者来'。通过党建引领，把我们军营村特别是村两委这个班子带好，体现一个'带'字；村民的工作我们也要做，体现一个'细'字；项目实施之后我们体现一个'度'字，使整个乡村振兴取得一个比较好的成效。"

二、生态宜居与军营村乡村振兴

党的十九大报告提出乡村振兴战略，并根据中共中央、国务院《关于实施乡村振兴战略的意见》，编制了《乡村振兴规划（2018—2022年）》（以下简称为规划）。该规划以习近平总书记关于"三农"工作的重要论述为指导，按照产业兴旺、生态宜居、乡风文明、治理有效、生活富裕的总要求，对实施乡村振兴战略作出阶段性谋划。该规划要求以践行"绿水青山就是金山银山"的理念，促进乡村生态宜居。统筹山水林田湖草系统治理，加快转变生产生活方式，推动乡村生态振兴。

2018年中央一号文件指出："乡村振兴，生态宜居是关键。良好的生态环境是农村最大优势和宝贵财富。必须尊重自然、顺应自然、保护自然，推动乡村自然资本加快增值，实现百姓富、生态美的统一。"生态宜居是乡村振兴的要义之一，在一定程度上，是体现乡村振兴全面发展的外在表现和有效载体。

同样是2018年，莲花镇军营村成为同安区实施乡村振兴战略市级示范村，再次被赋予了为全市乡村振兴提供可推广、可复制经验的历史使命。重任在肩，军营村用新思想引领新实践。

作为习近平总书记多次关心过的边远山村，自党的十九大以来，军营村的人们坚持先学一步、学深一层，带着感情全面兴起"大学习"热潮，全村党员干部群众学习贯彻习近平新时代中国特色社会主义思想的自觉性和坚定性不断增强，对以习近平同志为核心的党中央的政治认同、思想认同、情感认同不断强化。从此，军营村持续深化学习，用新思想武装头脑，将新思想贯穿到军营村乡村振兴的全过程、各方面。

还记得2018年8月17日，也就是同安区委召开习近平新时代中国特色社会主义思想学习汇报会的第二天，时任军营村党支部书记的高泉阳参加完会议回村后，第一时间就组织在村党员和村民代表开会，传达了厦门市委和同安区委相关会议精神，进一步掀起"大学习"热潮。

当时高泉阳的话，我还记忆犹新："市领导说，'习近平总书记在福建、厦门工作期间留下的宝贵思想财富、精神财富和实践成果，是我们最大的优势，也是指导今后厦门改革开放实践的有力武器'，这句话对军营村来说更是如此。"

高泉阳在会上指出，各级党委政府对军营村的发展高度重视、十分关心，全村党员干部群众要带着责任、带着感情，持续兴起"大学习"热潮，自觉且坚定地做新思想的学习者、信仰者、践行者。

经过讨论，大家认为，除了高标准地完成上级的安排部署外，还可以组织村民编写以学习新思想为主题的莲花褒歌，在上山道路和村庄内布置宣传标语等，营造更加浓厚的学习氛围。

因此，在这场学习会上，军营村的乡村振兴之路要怎么走，也成为大家共同的关注点。大家纷纷为村庄的发展建言献策："乡村旅游要让更多村民参与进来""茶叶要形成品牌""中心溪旁可以建条步道"……

深入学、长期学、持久学、第一时间学，不知从什么时候开始，就早已成为军营村的行动自觉。

在党的十九大和每年全国"两会"期间，军营村党支部都组织支部成员观看直播，第一时间学习重要报告；2018年6月23日，新华社播发《习近平同志推动厦门经济特区建设发展的探索与实践》长篇通讯后，村两委和村民代表、老人协会等第一时间组织讨论：忆往昔话今朝，学习新思想……

持续深入地学习，为军营村的乡村振兴注入了强劲动力。在过去的32年里，军营村牢记习近平总书记当年访贫问苦留下的思想财富和精神财富，在各级各部门的帮扶下，走出了一条生态建设与脱贫致富有机结合的绿色发展之路，一条"山上戴帽，山下开发"的军营村绿色生态之路。如今这里已由穷乡变富壤，山村变花园。

作为亲历者，我今天可以自豪地说，当年访贫问苦的殷殷嘱托，与新思想的深刻内涵，成为军营村再奋斗再出发的精神力量。正如高泉阳和我都不断重复的一句话："只要我们继续坚持'山上戴帽，山下开发'的发展思路，推动新思想在军营村落地生根，我们就一定能够实现振兴。军营村就会越来越生态化、越来越宜居。"

第二节　军营村"乡村宜居"成功实践

近年来，同安区农村人居环境和生态环境也持续改善。而军营村在"乡村宜居"的实践过程中进行了积极而又成功的探索，根据习近平总书记"山上戴帽，山下开发"的重要指示精神，走出了一条适合自己的发展之路。

一、绿水青山就是军营村的"金山银山"

山下开发是我们军营村一直以来做得很好的工程。我们军营村的种茶历史十分悠久，最早可追溯到清朝，种植的茶叶素有"莲花高山茶"的美称，我们军营村有茶园约 6500 亩，是厦门市重要的出口茶叶种植基地，远销海内外。

1986 年，习近平同志为我们军营村指出脱贫致富之路——多种树，多种茶，多种果，大力发展经济，做到"山上戴帽、山下开发"。在此指导下，我们军营村的村民就开始开荒种茶。为了提高茶叶产量的附加值，我们村两委便发动群众办了同安第一个茶叶加工厂——茂峰茶厂。我们自己摸索企业化管理，茶叶销售也是我们自己想办法，一两年后，水稻种植已经大多被茶叶种植取代。那时候就开始了茶叶大发展，村民赚到钱了，但是随着茶园规模的不断扩大和茶叶总产量的提高，新的困难出现了——技术落后、交通不便、通信不畅等因素严重制约了军营村茶叶生产效益的提升，增产不增收的问题日渐突出，有的农户茶叶严重滞销，人们的情绪开始波动。为了解决村民到村外去购买肥料的不便，我便想法设法引进化肥代销渠道，有时候遇到有资金困难的村民我也积极帮他们垫付，提高大家的积极性。

1990年，军营村的茶园面积从40多亩增加到1000多亩，村民的人均收入从200多元涨到了900多元，基本解决了村民们的温饱问题。

1997年，时任福建省委副书记的习近平二上我们军营村，再度指导了军营村的长远发展之路。他在现场提出了关于茶的问题，如茶厂问题、茶叶销售问题等的具体解决办法，为我们军营村的茶叶产业发展注入了强劲力量。

说到厦门的茶厂，那就不得不提到恒利茶厂开办者、从小生长在军营村的高树足同志。

我们军营村由于地处高海拔山区，且有着悠久的种茶卖茶历史，所以村民的经济收入主要来源于茶叶种植。但是由于身处山区，所以因销售渠道较窄、交通不便等各种因素，茶叶出售价格普遍较低，甚至有些年份茶叶无处可销，只能堆积在村民家。高树足出生在一个祖祖辈辈种茶制茶的家族里，他吸取着长辈的经验和教训，深知如果不把茶叶生产规模做大做强，是不可能走出经济困难的瓶颈，更不可能带领村民走出大山，共同致富的。

"从春茶到秋茶，一拖就是一整年！货款如果在春节前还没要到，你们就没有新衣服穿了。"父亲的话让高树足深深记在心里，也坚定了自己要走一条稳扎稳打的路，做大"高山茶"产业，让茶农不再为销路发愁的决心。

自 1994 年至今，在各项政策和各级政府的支持下，高树足从工厂建设、设备更新、工艺创新、茶叶品种改良、品质把控、农民培训等入手，逐步做大做强了"高山茶"产业（见图 5-2）。最初的茶叶小作坊，如今已经发展为拥有固定资产 3600 多万元、占地面积 2 万多平方米、建筑面积 1.5 万多平方米，年产 1500 吨的现代化茶叶加工厂。

高树足是我们军营村的领头羊，为我们的村民做了好的示范。而且高树足不忘乡亲，无偿捐资捐物，投资建设村庄公共项目。每年还邀请技术专家、大学教授进行茶叶相关的授课指导，近百名的茶农到镇上参加培训，不仅学习最基础的种茶制茶，还学习在市场化的今天，如何抵御市场风险，提升高效管理技术。

此外，高树足同志还积极通过与当地茶农签订购销合同、捆绑协议等，积极推行"公司＋基地＋农户"的订单农业生产经营模式，恒利茶叶公司如今成了带领农民闯市场、增收入的区级农业产业化龙头企业。恒利茶叶"莲花高山茶"的品牌变亮了，消费者十分青睐恒利茶厂的茶叶，茶叶不仅在国内畅销，更是远销中国香港、日本等地。高树足的观点是，唯有牢牢抓住高山历史悠久的茶来做文章，乡村发展才能长远。他说："茶园、乡村环境提升了，自然能吸引市民游客前来。民宿兴起、茶叶销路拓宽，农民生活更加富裕，村庄更加文明整洁，一个乡村振兴的良性循环就此形成。"

这也顺应了习近平总书记所说的发展经济的同时也别忘了生态文明建设的理念。

图 5-2　军营村的高山茶田

　　厦门本身不是茶叶的主产区，却能成为茶叶贸易的重要口岸和集散地，可谓是"天时、地利、人和"。"地利"是因为我们军营村有独特的地理位置，既靠近安溪、武夷山等产茶区，又有港口，海陆空发达，交通便利。"人和"是厦门市传统的茶叶贸易口岸，有注重茶道的消费传统，又聚集着一批茶叶加工的技术人才和销售的经营人才，随着茶叶产业市场规模扩大，大量的资金也流向茶叶产业，而厦门政府有关部门也对茶叶产业进行了大力扶持。如今，厦门茶叶产业发展得如火如荼，我们军营村作为厦门主要茶叶产地，茶产业、茶工作更是要做得越来越好。

　　茶树种植不仅使得我们军营村的经济状况得到发展，更是对于生态环境有利。茶园能够调节大气，调控高温，保持水土和稳定水温，改良土壤和防风固沙。这正印证了"绿水青山就是金山银山"的理念。

除此以外，茶还构建了独具军营村特色的和谐健康的茶文化体系，带动了我们村的文化建设发展。随着新时代人民的生活水平提高，人们对茶已不局限于喝茶品茶，开始对和茶叶有关的如种类、种植、制作生产以及茶道文化等都产生了兴趣，我们军营村的茶叶观光农业也站上了时代的风口。"观光茶园"指的是以茶叶种植地为基础的新型茶园设计模式，满足观光游览茶叶、茶树、茶园的市场需求，是以茶叶种植为第一产业、茶叶产品及茶文化衍生品制作为第二产业、茶主题乡村旅游为第三产业的"三产"融合发展形态。现在，我们军营村内修建了茶文化雕塑、露天茶台、制茶玻璃房等创意景观来营造"种茶、饮茶、爱茶"的氛围。

茶文化是军营村乡村文化建设中浓墨重彩的一笔，许多茶文化爱好者对军营村的饮茶文化也越发感兴趣。2018年，我们军营村协办了厦门"第十四届科学文化普及周嘉年华"，这是一场一年一度的茶文化盛宴。以莲花高山茶为主角的"品茗节"与"采茶节"吸引了大批的茶文化爱好者前来参观交流。我们还借助新媒体的力量，通过发布活动视频、宣传纪录片等形式展现我们军营村茶文化之美，同时借助相关文章对军营村茶文化做了更加细致的介绍。2020年10月31日，"2020厦门国家级高山茶叶旅游文化节"在军营村和白交祠村正式举行。这一国家级文化节活动，在厦门高山茶叶品牌陈列馆、军营村、白交祠村、淡溪村等周边7个高山乡村对高山茶叶进行了展览。我们军营村还将以"公司＋基地＋村民"的方式发展茶叶产业，设计推出"青山—绿水茗"等具有高山特色的茶叶品牌（见图5-3）。军营村党支部

图 5-3　军营村的茶叶成品

副书记苏海亭表示，军营村还将推出"种茶扶贫三十四周年纪念茶礼"以及配套的"厦门高山茶文化地图"，通过茶叶让更多的游客了解军营村的茶、军营村的历史文化。

莲花高山茶产业园提升项目的实践是我们军营村高山文化节的一次突破性创新。

高山茶产业园主要展示厦门高山茶产业发展成果，在这个以观光为主的产业园内，游客们不仅能够了解到高山茶产业的发展历程，还能了解到茶产业的发展是如何带动高山乡村脱贫致富的过程。在欣赏高山茶园美景的同时，体会其中发展的不易（见图5-4）。

图5-4　军营村的茶山

不仅如此，产业园还设置了以"茶圣"陆羽为蓝本的中国传统制茶工艺的体验课程，尽可能满足游客们的实践需求。在开办高山文化节的同时，主办方推出了"厦门茶山做茶人"亲子旅游产品以及"茶园瑜伽"体育旅游产品。而这些旅游产品的推出，实际上还能够与主题民宿的设置进行联动开发，让我们军营村的文化旅游形成一个完整的闭环结构，实现环环相扣的成熟的产业链模式。

可以说，山下开发的茶叶产业帮助我们军营村实现了多位一体的全面发展。

二、"乡村慢生活"的持续营造

说完种茶，再说山下开发中的山下种果。佛手瓜，又名香黄瓜、安南瓜、寿瓜、丰收瓜、合手瓜、捧瓜，是一种原产于墨西哥的葫芦科佛手瓜属植物。19世纪传入我国后，在我国广东、福建、山东等地有大量的种植。该植物适应性强，佛手瓜的上市期为秋末，很耐贮藏，常温下可由10月一直放到翌年4月，风味基本不变；其抗病力强，易获高产；果型优美，适合庭院种植，可供观赏和遮阴绿化；果实含锌较高，对儿童的智力发育、男女不育症，尤其男性性功能衰退疗效明显，还可以缓解老年人视力衰退。

佛手瓜在军营村有着广泛的种植基础，由于我们军营村所处海拔高、气温低、无污染、水质好，故而我们村的佛手瓜少有病害，更没有喷洒农药，是名副其实的绿色无公害食品。佛手瓜的果实、嫩茎叶、卷须、地下块根均可做菜肴，又能当水果生吃，加上瓜形如两掌合十，有祝福之意，是军营村农家风味菜肴供不应求的明星产品，深受前来体验的游客的欢迎。

军营地瓜、岩葱、佛手瓜等农产品，均符合发展庭院经济的要求。庭院经济是指农民以自己的住宅院落及其周围为基地，以家庭为生产和经营单位，为自己和社会提供农业土特产品和有关服务的经济。它的特点主要有：生产经营项目繁多，模式多种多样；投资少，见效快，商品率高，经营灵活，适应市场变化；集约化程度高；利用闲散、老弱劳力和剩余劳动时间。我们军营村的人群结构特点符合发展庭院经济，有着很大的发展潜力。庭院经济可以把经济建设和环境建设有机地结合起来，既可获得较高的经济效益，又美化了生活环境，使经济效益、生态效益和社会效益实行高度统一。

除了"食用价值""实用价值"以外，佛手瓜还有一定的"观赏价值"；庞大茎蔓可作饲料；瓜蔓可作为强纤维的来源，用来加工绳；果形优美，瓜藤生长密集而不吸引昆虫（见图5-5）。多将其搭建为瓜棚并下设桌椅茶具，融入"乡村慢生活"的整体格调之中，成为我们高山乡村的一处独特风景。

图 5-5　军营村的佛手瓜

厦门旅游集团下属的厦旅中星文旅公司依托以往成功开发的"顶上人家""海上田园"等乡村旅游项目的经验,引导、规划我们军营村的佛手瓜、地瓜、岩葱等村民日常种植作物,融入军营村独具特色的古厝、庭院、村道以及新开发的特色民宿的建设中(见图5-6),使军营村村容村貌向新时代新建设迈进的同时,保有原有的、应有的乡村特色,是一次优秀的实践。将军营村乡村面貌以及新建民宿产品的设计由粗放、简单向特色、专业方向提升;利用现有的瓜架、瓜棚融入文化创意体验,创立瓜棚茶文化体验区。将本地特色通过创意转型,促进了第一、三产业融合,增加了农民收入和农产品附加值。

图5-6 军营村的民宿

此外,我们军营村还开辟了新式田园体验基地。

军营村保留着良好的生态环境,有着纯净的空气,被称为是天然的"氧吧"。蓝天白云与绿色的茶园构筑起美丽的田园乡居图，吸引着许多周边市民前来放松身心、体验农家生活，感受农家风光。军营村成为厦门周边人们休闲放松的好去处。来到军营村的游客大多会考虑留宿或者小住一段时间，因此军营村的民宿业也渐渐发展起来。农庄主题民宿的计划开发，打破形式简单的观光旅游，在生态观光旅游的基础上，结合自身的农业基础优势打造体验式的基地项目服务活动。在民宿的配套项目活动推荐上，联动了军营村的蓝莓基地、番茄种植基地等农业项目共同开发体验式文化旅游。

从 2017 年开始，军营村与白交祠村开始展开"花果山"行动。我们两个高山村庄在茶园套种，还在自己家房前屋后种植了大约 3 万株的果树，通过"花果山"行动，打算将村庄打造成美丽的花园和物产丰富的果园，以此增加村民的收入。军营村与白交祠村在茶园中间套种杨梅果苗，这样的套种模式既不影响原来茶树的种植，又可以保证杨梅收获所带来的增收，杨梅基地的建立成为军营村村民们的另外一块可观的收入来源。

一些有远见的村民提出，可以将这些种植大棚发展衍生出瓜果采摘活动，以此成为乡村旅游的配套活动。游客到我们军营村旅游后，通常都会选择带上一些当地的特产回去，以前游客带走的农产品通常是当地种植的新鲜蔬菜以及地瓜等，但随着我们军营村培育出果种优良的蓝莓、番茄、杨梅、水蜜桃、橘子等优质水果后，村民可以通过售卖优质水果得到增收。

军营村不但与厦门百利鲜生有限公司合作建立了"军营红"番茄种植基地，还与厦门市蓝骑士生态农业有限公司合作，蓝莓的采摘工人都优先聘用本村的村民，为村民提供了相应的岗位与就业机会。现在在厦门市各大商场、超市里也同样可以购买到生长于军营村的蓝莓。

农家基地体验活动的开展，一方面满足了游客观光体验的需求；另一方面也是对我们军营村果蔬种植过程以及果蔬生长环境的展示。不仅丰富游客的活动项目，而且推动了军营村农业果蔬品牌的打造。农家主题民宿尝试以基地体验为主，以其他农家项目活动为辅，丰富了农家主题民宿的体验项目。农家主题民宿最大的特点就是与农家生活息息相关，不仅展示了我国优秀的农耕文化而且农耕文化得以学习和传承。

三、七彩池"彩"出军营村小天际

军营村在习近平总书记"山上戴帽、山下开发"核心理念的指导下，已经基本实现山下种植以茶叶为代表的经济作物，山上种植保育水土的生态树木的合理布局，现今共有 6500 亩茶园及 4100 亩公益林，并进行裸露山体整治，走出了一条生态建设与脱贫致富有机结合的绿色发展之路。这些年，我们军营村一直注重绿化建设，截至 2016 年，我们军营村已完成造林 960 多亩、种植绿化苗木 7930 多棵、绿化植被 1330 平方米，完成 1080 米竹园登山步道及廊亭、步道等改造提升。现在的军营村俨然是一幅绿意盎然的自然生态画卷。

树木是人类和自然界不可缺少的。对于生态环境的建设与地球的可持续发展有着至关重要的作用。树木是地球的肺。植物吸收二氧化碳，释放氧气，在地球的表面形成大气层，保护地球。植物为地球提供大量的氧气。动物吸收氧气，呼出二氧化碳，这样生活在地球上的动物和植物进行气体交换，保持生态平衡，如果没有氧气，地球上的一切都不存在了，地球就是一颗死星，树木是影响气体循环的主要植物。树木是地球的清洁工，能吸收灰尘，净化空气；树木也是地球的水库。树木和其他植物，当降雨时，能吸收水分，把水分储存起来，当干旱时，就靠蒸腾作用，释放水分；树木是地表土地资源的卫士。树木能防止地表水土流失，保护地质原貌，涵养水土，防风固沙；树木还是动物和其他植物的安乐窝，种植树木对我们军营村的重要性不言而喻。

1988 年，是我们军营村植树造林的高潮，村民除了种茶，就是上山种树。如今，种树活动与风潮也不曾停止。

素来被誉为"闽南小九寨沟"的七彩池是我们美丽军营村的一大休闲之地，然而，我还清楚记得它以前的模样。因为周边的群山过于裸露，所以让整个七彩池的景色黯然失色。于是，我们军营村在七彩池周边的群山上栽种了上万棵的树苗。如今的七彩池在绿树生长的群山的映衬下更加美丽，微风吹过，波光粼粼，在阳光的照射下显出不同的色彩，每到这儿游玩的游客都会发出"好美"的感叹。

可见，树木的种植不仅仅是让山美，让水美，更让整体景色美，实现了生态美的同时，还使景色变为景点，增加了旅游收入，发展了经济，也实现了生态建设和经济建设共同发展。

让我们来看一幅最新的"山上戴帽"场景：2021 年植树节，厦门市疾病预防控制中心结合红色主题教育实践活动，带领 40 多名凤凰花志愿者，利用周末时间，来到我们军营村参加义务植树，绿化美化山头。志愿者们人人手拿劳动工具，带着树苗，攀登上高高的茶山山顶。在山顶观光平台四周的植树现场，大家三五成群干起活来，有的将树苗扶正，有的用锄头挖坑，有的用绳子固定，有的专门负责浇水，大家分工协作，合力栽下了一株株银杏、柿子树、樱花等树苗。通过一个下午的辛勤劳动，一棵棵树苗笔直站立着，把茶山装点得生机盎然。参加义务植树的志愿者们纷纷表示，这次植树活动非常有意义，通过自己的劳动，不仅为军营美丽山村增添绿色，感受到了劳动的价值，更是把绿色发展理念深深根植于心中。

山头戴起"绿色帽子"的军营村更美了（见图5-7）。

我们军营村一直以来积极主动践行"绿水青山就是金山银山"的理念，厚植了生态底色，突出了发展特色，彰显了乡村本色。农业产业绿色高效，农村经济繁荣稳定，农民收入大幅提升，乡村环境生态宜居。

我们军营村在生态宜居、乡村振兴这份大考卷上，留下了别样的精彩！

图 5-7　军营村全貌

四、"中国最美休闲乡村"的军营实践

2015 年，中国农业农村部办公厅根据农业农村部办公厅《关于开展中国最美休闲乡村推介工作的通知》（农办加〔2015〕4 号）开展了中国最美休闲乡村推介活动。中国最美休闲乡村推介活动以推进生态文明、建设美丽乡村为目标，以传承农耕文明、展示民俗文化、保护传统民居、发展休闲农业为重点，通过向公众推介一批天蓝、地绿、水净，安居、乐业、增收的最美休闲乡村，推动我国休闲农业持续健康发展。其中，我们军营村被评为"特色民居村""中国最美休闲乡村"。

能被评为"中国最美休闲乡村"，首先仰仗的是我们军营村当地独特的自然生态环境，但更离不开我们军营村村民一直以来的人工建设。我们军营村属于南亚热带海洋性气候，气候温暖，雨量充沛，热量充足。冬天冷但不严寒，夏天热但不酷暑，秋季舒适凉爽，春季晴雨多变。军营村遍布最广的是红壤土地，这种土地类型土层较浅，所以不适合种植根深大树，但是十分适合茶树的生长。军营村有茶园约 6500 亩，是厦门市重要的出口茶叶种植基地，远销海内外。大片的茶园在蓝天白云的映照下绿意葱葱，充满了生态气息。

既然是"中国最美休闲乡村"，那么我们军营村的休闲之处那可真是不少。近几年来，厦门市各级各部门紧紧围绕"生态宜居"的理念，积极推进了我们军营村中心溪流整治、裸山整治以及美丽庭院建设，因此我们村的山更绿了，水更清了，房前屋后更美了。

中心溪的整治，也是我们军营村的重要工程之一。原来我们的中心溪长满了杂草，河床上有很多黑黑的淤泥，再加上污水的流入，常常散发出难闻

的臭味。村民从中心溪旁经过都会捂住口鼻，屏住呼吸。中心溪的脏、乱、差不仅是这一条溪流的不美观，也直接影响到了我们军营村整个的村容村貌。后来，我们村里请了专业的设计师和相关的工作人员，重新规划设计了中心溪。在排水原溪道处，安装污水管道，铺建卵石护岸，修建亲水步道等。这一系列的改造使得原本毫无美观可言的中心溪变成了现在的生态小溪。村民们沿河步行、健身和观光，游客们伴着溪水声游玩观赏，可谓是十分休闲惬意（见图5-8）。

图 5-8　军营村的生态景观

目前，我们军营村围绕绿色生态旅游资源打造成型了两条游线：

第一条是山村休闲游览路线：社会主义军营小广场—示范段门前屋后改造—旧村部—金山广场—旧民居、步行桥—西部茶文化公园—生态溪徒步—东部山体生态公园—军营文化园—农家乐用餐—返程（或住宿休息）。

第二条是生态观光游览路线：开车上山—天鹅石刻、古山寨遗址、仙叠石，金蟾望天石，流连忘履石（绣花鞋）、朱熹诗句石刻—单车骑行游览—自行车茶园绿道—柿子林—七彩池（小九寨）—云境茶山景区、旅游集散中心、党校分校—返程或晚宿农舍，享盛夏山风，看月朗星稀。

从上述游览路线来看，我们军营村通过这几年的改造和转变，"中国最美休闲乡村"并不是浪得虚名：环境好，生态好，村民心态好，游客心情好，我们军营村才是真的好！

第三节　军营村"乡村宜居"生态建设

为了搞好生态文明建设，在村党支部的坚强领导下，我们军营村除了对村外大生态环境进行"山上戴帽，山下开发"外，还特别注重对村内小生态环境进行改造。主要是做以下三个方面的工作。

一、改善水系

军营村按照"河畅、水清、岸绿、安全、生态、景美"建设理念及"一河一策、一段一策"工作方法，打造优美生态水环境，目前已完成雨污分流改造工程。改造建设七彩池和九龙溪便是营造乡村最美的典范之作。

七彩池原本其实就是一个小山塘，最开始村民将其开掘拓宽的目的是更好地浇灌周边的茶园，以促进军营村经济的发展，增加村民的收入。但意外又惊喜的是，因为湖水来自天然泉水和雨水，加之各种矿物质沉积，再加上光的折射现象等多种自然条件综合作用，就形成了现在五光十色的七彩池。现周边还新增了7座凉亭，铺建了休闲漫道等，我们军营村的居民和许多厦门城里及周边城市的游客慕名而来，只为在我们美丽的七彩池休闲散步观光！（见图5-9）

2016年，七彩池生态修复工程启动，除了拦水坝、溢洪道等工程进一步提升外，还建设了风情木屋、七彩跌水、花间漫道、林中栈道等，将七彩池扮靓成为四季花海多彩景观带，整个工程投资近200万元，并于2017年完工，如今，我们七彩池变得越来越"靓"。

"此次改造将进一步提升七彩池的灌溉，也可提升周边生态环境及旅游景观。"同安区水利局相关工作人员这样说。我们军营村西鼓铛溪生态修复工程项目的建设，是结合军营村及其周边的旅游资源，打造一流高端精品的生态休闲园的一次成功实践，为我们军营村乡村旅游、农民转业打下了基础，同时也为我们军营村及周边农民创造了劳动就业岗位，可谓是"绿水青山就是金山银山"的理念的最好体现。

图5-9 军营村美丽的七彩池

九龙溪的源头在军营村南边的山谷中，流向村口。我们九龙溪的溪水都是清澈纯净的山间泉水，在夏日，村民和各处前来的游客漫步村中溪边，听着水声潺潺，觉得清凉无比（见图5-10）。

图5-10 军营村的九龙溪

其实，这条小溪最初是非常狭小的，后来我们认为有必要对其进行重新修葺改造，不仅是为了使其惠及我们村民，也是"生态宜居"的理念的一种具体实践。

九龙溪的整治，是近几年军营村的重要工程之一。原来的九龙溪可谓遍布杂草与生活垃圾，且河床上有很多的淤泥，污水的流入造成了环境发生极大恶化，溪边臭味难忍。后来，村里请了专业的设计师和相关的工作人员，重新规划设计了九龙溪。

生态水系是集排涝、供水、水质保护、亲水景观、水生态于一体的，是一项融合水安全、水景观、水文化、水经济的综合性水利基础设施。生态水系涉及水资源配置、水污染防治、河道生态修复、滨河堤岸治理、水体循环、水生生态构建、雨水利用、中水回用、水工建筑物运行管理系统等各个因素。要打造生态水系其实并不是一项简单容易的工程，但我们军营村还是做了。排水原河道，在河道底部安装污水管道，然后卵石护岸整个河道，并在河道一侧修建了亲水步道，人们可以沿着河边步行、锻炼身体和观光游览。

不到几个月，原来脏、乱、差的小水沟就成了一条生态小溪。清澈的溪水，溪底的卵石，微风吹过，溪边的村民怡然自得。

从2008年开始，我们村先后3次对九龙溪进行了整治改造。原来一两尺宽的沟渠拓宽了，又沿溪流铺设了平整的鹅卵石步道，溪边一米多高的石砌护堤确保洪水不再冲上岸来，下方的污水管道彻底将生活污水与溪水分隔开。军营村党支部书记高泉伟说："经过2018年邀请专业规划设计机构，进行重新规划设计、治理的九龙溪干净美丽，富于野趣。"不仅是我们军营村的居民在日常生活中可以感受流水潺潺，也吸引了一大批的游客前来休闲观赏，感受大自然的美丽动感，体会生态宜居的军营村美景。

治理之后的九龙溪获得了村民这样的评价："现在治理得好了，看着干干净净的水，谁也不愿意往里面扔垃圾了。""美丽乡村，共同缔造"这一发展思路是生态文明建设的体现，也是军营村环境改造，乡村建设一直遵循的原则，原来脏、乱、差的落后小山村，如今已是一个干净文明有序的美丽新农村。

2012年，党的十八大站在历史和全局的战略高度，对推进新时代"五位一体"总体布局做了全面部署。其中，生态文明建设被提到了全新的战略位置。中心溪的改造建设，就是落实发展"五位一体"政策的体现，推进了生态宜居乡村建设，我们军营村的风貌不仅得到了极大转变，也为军营村发展新型生态旅游提供了很好的契机。

我们九龙溪被誉为"乡村营造典范之作"并不是虚名，现在九龙溪已经成为游客前来军营村休闲游览的必"打卡"之地。我认为，九龙溪的改造升级是一个打造"美丽庭院"，践行"生态宜居"的典型示范。

二、村容村貌整治

我们军营村的村容村貌整治主要是"厕所革命"、房屋改造和推进垃圾分类。

在村容村貌整治过程中，军营村进行了一场"厕所革命"。以前居民和游客的如厕环境差，如厕需求得不到满足，"臭死了""憋死我了"是人们从军营村公厕出来挂在嘴边的话，这不仅使居民和游客的如厕体验极差，也极容易滋生细菌、污染环境和影响人体健康。且考虑到随着城市现代化进程的深入，公厕不但是人类生理代谢的场所，而且是兼有卫生整理、休息乃至于审美、商业、文化等多种功能，是体现城市文明和居民素质的重要标志之一。于是我们军营村从 2013 年起开始改造厕所，公厕改造的原则为以人为本，卫生、方便、适用、文明、节水、防臭等功能是公厕改造的基本出发点；公厕的外观适应了我们军营村的环境，具有特色；公厕的卫生设施和设备采用了先进且使用方便的产品，还特别注意节能减耗，遵循了生态文明建设的要求。

2018 年底，我们军营村完成了四座农村公厕的新建，游客如厕的条件得到了改善，如厕的需求得到了满足，如厕体验感得到了显著的提升，这就是高山村的"厕所革命"。2019 年 10 月，旅游公厕达到 AA 标准，两村公厕建设及厕所无害化改造任务顺利完成，"厕所革命"得到进一步深入推进。

除了进行"厕所革命"，我们军营村也致力于打造"美丽庭院"。在 20 世纪 80 年代，军营村还是一个荒芜落后杂乱的小村庄。数十年来，经过发展变迁和整治改造，如今的军营村已经成为一个美丽的新时代乡村。军营村这些年来的转变和升级，可谓全面贯彻落实了"五位一体"规划。

我们军营村以前都是瓦房，如今逐渐实现了现代式房屋全覆盖。以前泥泞颠簸的村道，如今也成了花草于两侧生长盛开的乡村小道。溪水环绕着干净整洁的军营村，我们村民无论是脸上还是心里都乐开了花。除此之外，我们军营村还根据地方特色和文化底蕴，开发一系列景点，如七彩池、防空哨所、关帝庙、金山亭、九龙溪台阶栈道等（见图 5-11），还有习近平总书记在军营村的扶贫点，以及省、市、区三级高山党校等。如今的军营村不止有我们世世代代的居民，还有络绎不绝前来观赏游玩的游客以及参观学习的党员干部们。

图 5-11　军营村的金山亭

顺应着住宅变化的历史趋势，我们军营村进行了房屋改造升级，对147栋房屋进行由平房向坡房的改造。作为厦门市唯一的省级农村人居环境整治提升试点村和厦门市乡村振兴重点示范村，我们军营村大力开展了农村人居环境整治行动，其中最直观的表现和重点进行的，就是升级村民住宅房屋。村民的家大多是茅草房、土坯房、瓦房。众所周知，这些房屋存在易燃、易腐烂、不牢固、保温差等缺点，如果是晴天还好，到了雨天很容易漏水进水，还有在冬天的时候保暖性差，屋子很容易灌进冷风，村民的居住环境十分艰难。所以，我们军营村果断进行房屋的升级改造。现在，白瓦红砖的小楼错落有致地遍布在我们军营村的土地上，不仅军营村的整体面貌和环境焕然一新，村民的居住条件和环境得到了极大改善，平日里邻里间的交流互动也增多了。还有的村民在自家屋子的前后种起花花草草，或者种上菜，将自家一楼周围的空地打造成小花园、小菜园，美观又实用。村民们在播种、浇水、施肥的过程中，享受到了生活的满足感和幸福感，这才是我们军营村进行改革改造的最终目的。

衣食住行是人民最基本的活动，保证人民有一个良好的居住环境的重要性不言而喻。我们军营村的村容村貌大变样，杂乱小村变美丽庭院，集体房屋改造升级可真是一件惠民利民的大好事！（见图5-12）

图 5-12　军营村整洁的民房

　　垃圾问题在之前一直是令我们军营村头疼的一大难题。垃圾问题得不到解决，就意味着我们军营村的生态环境不可能好。但现在，借助落实发展"五位一体"政策，推进生态宜居乡村建设，深入推进"一革命、四行动"，从 2018 年起，我们军营村被列为厦门唯一一个省级人居环境整治示范村。在整治过程中，开展的"农村垃圾治理行动"是其中一个"重头戏"。

　　还没有进行改造建设之前，我们军营村的垃圾处理问题一直是村民生活的一大困扰。由于地理位置的限制，原来我们村民大多数是在自家的房前屋后挖坑，然后把日常的垃圾直接倒在坑里，这样时间一长，特别是到了夏天，简直恶臭熏天，还有很多的苍蝇黑虫在周围环绕，不仅十分影响村容村貌，而且对于村民的卫生健康也十分不益。更糟糕的是，这种处理垃圾的方法直接导致了我们军营村土地的大面积污染，极大地浪费了对于山村而言极为宝贵的土地资源，对于生态环境是一种致命的伤害。基于此情况，我们村委会选购了大量城市常见的垃圾桶摆到了各家各院的门口，并且请了 5 个保洁员，每隔两天集中收一次垃圾，然后通过垃圾车及时运走，到垃圾处理点统一进行环保处理。村里的垃圾终于有了一个正确的"归宿"。

我们军营村作为全市垃圾分类试点村，与白交祠村两村积极引进了专业的城建管护公司进行运营，通过小手拉大手，实现了"垃圾不落地，减量零排放"。自2019年起，由同安城建管护公司负责我们两村的保洁、垃圾转运和打扫工作，健全了农村垃圾处置体系，完善了村庄卫生保洁长效机制，确保了"一把扫把扫到底"。我们还开展了"农村污水治理行动"，我们军营村结合步道建设实施溪流污水管网改造工程，建造拦水坝、铺设污水管道、三格化粪池、隔油池、小型污水处理站等污水处理设施。如今，垃圾有序、合理、分类倒放和处理的军营村，变得干净美丽，生态环境得到了"大改造"。

第四节　军营村"乡村宜居"宝贵经验

在参与建设、发展我们村的过程中，我始终牢记习近平总书记1997年4月11日在福建省三明市将乐县常口村调研时的指示："青山绿水是无价之宝，山区要画好'山水画'，做好山水田文章。"这句话，何尝不是在说我们军营村呢？因此，我一直也有一个心愿，就是设想着有一天，每一位到访我们村的访客，都能由衷赞叹军营村就是一幅巨幅自然天成的"山水画"。应该说，今天，这幅画的创作已经完成一定的高度了。你看，进入高山军营村，顿觉眼前一亮：一座座平改坡统一风格的居民楼排列整齐有序，楼房前后绿化带四季常青。村内道路全部硬化，安上了高标准的路灯，许多村民正在休闲健身，黛绿色的夏风，吹拂着他们幸福的笑脸。

所有的这些，正是得益于军营村在党建引领下开拓进取，提升环境卫生，改变村容村貌，大力发展公益事业，全面提高群众幸福指数，在乡村振兴的道路上阔步前行！这都得益于我们始终将习近平生态文明思想贯彻于村庄发展建设之中，坚持绿色优先，将生态优势转化为发展优势，走出了一条生产发展、生态良好、生活幸福的生态文明建设之路与"乡村宜居"的建设之路。在生态宜居这张大画布上，我们努力画好特区乡村"山水画"。努力做到：强化全村人的生态理念；发展生态经济；抓实生态治理；努力建设生态文明，实现社会效益与经济效益双丰收；村容村貌焕然一新。昔日的特区偏远小山村发生了美丽蝶变，找到了绿水青山转化为生产力的路径和方法，探索了生态文明建设的"军营路径"。

一、强化全村人的生态理念

良好生态环境是最公平的公共产品，是最普惠的民生福祉，是乡村发展的宝贵财富和最大优势。军营村以创建国家生态文明建设示范村为抓手，推动建设生产、生活、生态和谐共生的美丽乡村，进一步增强生态文明建设的思想自觉和行动自觉。坚决把环境保护、村民生产生活和乡村产业政策的门槛立起来，严守生态保护红线、环境质量底线、资源利用上线，制定生态环境准入清单，把好绿色关口。坚持高标准、高质量建设生态走廊、村庄绿化示范村和经济林果基地等绿色工程，让"生态绿"成为亮丽的发展底色。

农村最为常见的家禽是鸡和鸭。在我们军营村，大半个村的人家都养了鸡鸭。但是这也代表着家禽养殖所带来的卫生问题是不可避免的。我们军营村的鸡鸭大多为散养，它们在村子里"闲庭信步"没什么，但是他们边走边拉的粪便把我们军营村弄得很脏、很丑、很臭。美丽乡村的建设不仅仅是乡村的大环境好，一眼望过去好，更是要让村中的每个细节、每个小地方都变得干净美丽。所以，我们军营村号召大伙把鸡鸭进行圈养，并且帮助村民们修筑了大量的鸡舍鸭笼，给各家各户散养的鸡鸭提供了一个个"容身之所"。这样，路上的鸡粪鸭便少了，进而使躲让随意闯入道路中间的鸡鸭而发生的意外事故也少了。

美丽乡村的建设仅靠大环境的改造是不够的，村民自身文明观的改变与建设才是长久有效的。之前，我们很多村民的卫生习惯不好，文明观念缺失，很多时候面对很多卫生问题觉得能过得下去就可以，但是长此以往，对于自身健康和我们军营村整体的建设是不利的。为了推动村民养成良好的卫生习惯和文明观念，我们军营村更是别出心裁地用肥皂、沐浴露做奖励，鼓励村民勤洗手、多洗澡、注意个人卫生，养成良好的文明习惯，并在村里反复宣传强调，画海报、写标语，从外到内，深入推进生态文明建设。

我们军营村的美丽乡村建设能够取得今天的成效，不能不提及的是村民们的共同参与。"除了保洁员工资是村里出一点外，其他都是村民自发参与"。曾任我村党支部第一书记的谢育添非常感慨："现在大家都养成了良好的卫生习惯，看到路上有垃圾都会主动捡起来，扔到垃圾桶里面。"值得一提的是，我们军营村的老人协会为环境卫生发挥了很大作用。协会每个月组织老人义务打扫一次，老人都很乐意。目前，我们军营村已形成一套完善的卫生管理长效机制，道路硬化、村庄绿化、环境美化、夜间亮化工作在市、区环境卫生评比中连续三年获得第一名。

总之，我们村两委努力地推进强化全村人的生态理念：一是通过宣传教育，通过各种渠道，向全村人宣传生态环保知识，让他们了解生态环境的重要性，并意识到自己的行为对环境的影响；二是通过组织活动，通过互动和交流，让村民更深入地了解生态环保知识，并激发他们积极参与环保行动；三是开展环保实践，鼓励村民在日常生活中实践环保行动，如节约用水、垃圾分类、减少塑料袋使用等，让更多的人参与到环保行动中来；四是推出奖励机制，通过各种激励办法对积极参与环保行动的村民进行表彰和奖励，以激发更多村民参与到环保行动中来；五是倡导家庭教育，在日常生活中教育孩子爱护环境，关注生态环境，培养孩子的环保意识。因此，经过多年来的坚持与实践，我们村村民普遍加强了生态环保意识和理念，全村人共同维护美好家园。

二、发展生态经济 画好特区乡村"山水画"

经济发展不应是对资源和生态环境的竭泽而渔，而是要坚持在发展中保护、在保护中发展，但也不是舍弃经济发展的缘木求鱼。发展生态经济一直是我们实现乡村振兴、乡村发展的重要举措之一。我们以绿色发展理念为引领，摒弃损害和破坏生态环境的经济增长模式，依托自然优势发展特色产业，培育绿色发展新动能，探索形成"生态＋"复合型经济发展模式，推动乡村生态建设与经济发展比翼双飞、相得益彰。一是发展"生态＋茶产业"，坚持产业导向、项目准入、节能减排的前置把关，鼓励企业实施技术改造，淘汰落后产能，降低资源消耗。二是发展"生态＋农业"，建立农产品质量保障与溯源体系，推广多彩番茄等生态循环农业模式，着力打造安全优质农产品生产示范基地。三是发展"生态＋旅游"，突破传统产业边界，促进农旅要素融合，鼓励发展林果采摘等农家乐项目，推进观光茶园等项目建设，实现乡村发展"含绿量"和"含金量"同步提升。

通过结合军营村实际情况，历届村两委都将重点放在推动军营村旅游动线，周边村容村貌提升行动，按照"修旧如旧、保持农村风貌，打造亮点，不搞大拆大建"的原则，做好片区产业规划设计及项目生成、亮点提升等工作。人居环境的提升不仅提升了村民的宜居感，保护了军营村的绿水青山，同时也吸引来更多的游客，为实现富美军营打下了基础。

军营村充分利用自然资源，打造了七彩池、防空哨所、半亩方塘、莲花褒歌、立志石、关帝庙、九龙溪、尪公宫等众多的自然与人文景观（见图5-13）。它们分布村庄内外，眼之所及，无不让人心旷神怡，构成了军营村独特的风光，吸引了大量厦门及周边市民游玩甚至长住。同时，深入挖掘并发扬传承莲花褒歌等莲花本地优秀传统文化，建设军营村社区书院，办好军营村"村晚"、乡土马拉松、高山自行车赛等特色活动，用接地气的方法讲好莲花故事，不断提高村民文化素质，深化夯实各种称号，使高山传统文化结合新时代需求，孕育出新的成果。

图5-13　军营村的立志石

三、抓实生态治理

家禽、厕所、交通、卫生，这些看起来一桩桩的小事的改造转变，才是促使我们军营村由之前的脏乱落后的小村，变成如今的美丽乡村的原因（见图 5-14）。从小事做起，为村民服务，搞生态建设是美丽乡村建设的军营经验。

图 5-14 军营村的村道现貌

军营村的农村人居环境整治现在已经步入尾声，军营村在这项工作中取得了很好的成效，也为厦门市农村面积最大、农业比重最大、农村人口最多的同安区农村环境整治工作做出了巨大贡献。其中，"一个革命、四个行动"建设任务基本完成；所辖村（居）卫生、河道维护等全部纳入"一扫到底"的整体运行管理。使乡村环境优美，既是生态文明建设的重要内容，也是乡村振兴的基石，更是增强人们幸福感的重要因素。

目前，我们跟随同安区政府要求的步伐，已建立起农村人居环境管理和保护的长效机制，包括制度、队伍、监管等方面，推进专业化建设、市场化建设和运营管理与保护；同时，引导村民把人居环境纳入村规，继续开展村庄清洁活动。

比如，在农村环境综合治理过程中，军营村注重"三抓手"推进治理过程。一是抓好人员培训。一个干净整洁的乡村环境为乡村整体的发展添砖加瓦，而实施农村垃圾分类，既保护了绿水青山，又实现了资源循环利用，更助力了"美丽乡村"和"乡村振兴"建设。村里经常举办生活垃圾分类与减量专题培训，莲花镇垃圾分类相关人员、督导员都会参加培训。通过系统的培训与互动交流，让参训人员对垃圾分类工作有较为全面的认识，提升军营村村民的生活环境，从而推动农村生活垃圾分类工作开展。二是抓好管理新模式。军营村配合区里推行"一把扫帚扫到底"的城乡环卫一体化管理新模式，分批将村庄和道路的环卫保洁、垃圾清运、公厕管理移交给专业公司统一养护。开展垃圾分类试点，举办农村生活垃圾分类现场观摩会。三是抓好巡查机制。牢固树立"绿水青山就是金山银山"理念，建立完善水资源保护机制。同时，整合力量建立动态巡查机制，对农业污染、企业污染、空气污染等各类污染行为进行巡查监督，加大污染防治力度，增加优质生态产品供给。以"钉子精神"和壮士断腕的决心打好蓝天、碧水、净土保卫战；按照保好水、治污水、供优水的系统治水要求，开展农业面源污染治理，着力改善水环境质量，为人们提供良好的亲水环境；以耕地和建设用地土壤污染防治为重点，实施土壤环境安全保障工程，提升国土资源治理实效，促进土壤环境质量持续稳定改善。积极推行农村河道、道路交通、绿化美化、环境保洁、公共设施"五位一体"长效综合管护，着力打造乡村旅游型、生态自然型特色田园乡村，努力留住乡土韵味、彰显乡村本色。

自 2009 年起，军营村连续 7 年在全市环境卫生评比中获得冠军，2016 年开始被授予免检村庄。同时，还开展了全村的平改坡和裸房整治，坚持"统一设计、统一风格、统一施工"，确保整体协调，使得整村焕然一新，还能在极端天气下发挥"海绵村落"的功能。

第六章　生活富裕：努力求变，为民谋福

　　"品尝了'军营红'小番茄，有着让人意外的高甜度。红彤彤的色泽，十分均匀。轻咬一口，嘴巴里满是清甜的果汁，让人回味无穷"；"你们别说，军营村这小番茄吃着真是不赖，皮薄多汁、鲜甜味美，比超市卖的好吃"……吃过这种小番茄的人都赞不绝口，这种"军营红"小番茄也不负众望，被选为2019年"礼遇同安"人气伴手礼。它们就生长在我们军营村。

　　"产业兴旺、生态宜居、乡风文明、治理有效、生活富裕"是乡村振兴的总要求，而"生活富裕"则是乡村振兴的落脚点，是乡村振兴战略的应有之义和根本追求，也是最终的民生目标。乡村振兴的出发点和落脚点就是让亿万的农村百姓生活变得更美好。那么我们作为历届村党支部书记、历届村两委，就是要围绕着军营村村民最关心、最直接、最现实的利益问题，抓住重点，补齐短板，增强弱项，拓宽他们的增收渠道，增加村里低收入者的收入，扩大中等收入人群，保持全村村民收入快速稳定，甚至是超过厦门城镇居民，持续改善农村人居环境。因此，几十年的工作经历告诉我，只有将我们村的基础底子打好了，再经过我们这一代人、我们历任村两委的团结努力，一定可以在2050年之前，甚至提前达成我们村民生活富裕的目标。

讲到具体要怎样通过乡村振兴，实现"生活富裕"？这涉及乡村"干什么"和"怎么干"的问题。"军营红"小番茄就是军营村践行"生活富裕"的一个小小缩影。

第一节　军营村"生活富裕"图景

多年来，军营村通过高山茶、果类与地瓜等多产业共同发展，以党建带动乡村旅游，使乡村发展之路越走越宽，"钱袋子"日渐鼓起来：军营村村民人均收入从1986年的200多元跃升到2020年的4.1万元。2020年，军营村集体收入达到72.9万元。

数据会说话，军营村的"生活富裕"是实实在在的。

在我看来，军营村实现"生活富裕"，主要得益于我们全村上下牢固树立"生活富裕既是乡村振兴的根本，也是实现全体人民共同富裕的必然要求"的基本理念。习近平总书记强调，要构建长效政策机制，通过发展集体经济、组织农民外出务工经商、增加农民财产性收入等多种途径，不断缩小城乡居民收入差距，让广大农民尽快富裕起来。生活富裕是当前阶段实现共同富裕的基本形式，它与消除贫困、改善民生、不断满足人民日益增长的美好生活需要一起，充分体现了我国处于社会主义初级阶段的基本国情和主要矛盾；共同富裕是乡村生活富裕的目标导向和价值追求，彰显了中国特色社会主义的制度优势和发展优势。

在这个过程中，我们始终牢记以下几点：

第一，生活富裕，必须提高农民收入。在新的经济形势下，农民要增收，首先要发展新产业新业态，打破城乡二元经济，推动第一、二、三产业融合。

通过鼓励和引导新型农业经营主体，延长农业产业链，对农产品进行深加工，把农业附加值留在农村内部。同时，合理布局生产、加工、包装、品牌，打造完整农村电商产业链。其次，要有效促进农民工工资性收入的持续增长，通过户籍制度改革及其配套制度，为农民进城务工创造良好环境。

第二，生活富裕，必须完成脱贫攻坚的任务。要聚焦深度贫困地区和特殊贫困群体，以精准脱贫目标、标准为主线，改善贫困地区发展条件，解决特殊贫困群体实际困难，激发贫困人口内生动力，夯实贫困人口稳定脱贫基础，为实现乡村生活富裕打好基础。扎实开展精细、精确、精微的"绣花式"扶贫，按照贫困户劳力状况、收入来源要素"四类分类"要求，采取"有劳力且有一定技术、有剩余劳力且可输转、有一定劳力在本地打零工，无劳力预备兜底"的办法，对贫困户进行精准分类、精准扶贫，助推脱贫攻坚取得实效。

第三，生活富裕，必须促进农民的全面发展。这里面的重中之重，就是要认识和对待农民的三重身份。其一，农民作为国家公民，享有宪法和法律规定的各项权利和义务。其二，农民作为集体经济组织成员，拥有社员身份，享有成员权。发展壮大集体经济，维护和保障集体经济组织成员的财产权利和民主参与权利。其三，农民作为村庄社区居民，拥有村民身份，享有村民权。保障和实现农民的村庄社区自治权利，依法保障村民对村庄社区公共生活的民主选举、民主决策、民主管理、民主监督的权利。农民应当享有的这三重权利是交织在一起的。维护和发展农民权利的过程，就是不断促进农民全面发展的过程。要优先发展农村义务教育，实施健康乡村战略，全面提高农民文化素质和身体素质。要创新乡村人才培育引进使用机制，对农村现有的技术能手、致富明星给予适当奖励，充分激发他们的带头作用；同时，对于返乡创业的人才面临的资金、技术和用地等难题给予及时解决，通过乡土人才培育，带动农民增收致富。

第二节　将"生活富裕"作为乡村振兴的根本点

"生活富裕"是乡村振兴战略的出发点和落脚点，它既是党的主张，更是亿万农民的心声。党中央提出乡村振兴战略以来，我一直在思考一个问题：乡村振兴的根本点到底是什么？通过军营村这么多年一天天的变化，我明白了：乡村振兴的出发点与落脚点，是想让广大的农民生活得更美好，在共同富裕的道路上迎头赶上，在共建共享中得益。其根本体现也就是"生活富裕"。

所以，对于军营村，"生活富裕"是根据抓重点、补短板、强弱项的要求，以实现农村基本公共服务从有条件转变为好条件为目标，推动教育、医疗卫生等社会事业经费首先往农村倾斜，推动社会保障制度城乡统筹并轨，加速实现城乡基本公共服务均等化，使农村居民在幼有所育、学有所教、劳有所得、病有所医、老有所养、住有所居、弱有所扶等方面持续得到新的进展。

多年来，军营村乡村振兴实践的具体举措有以下三个方面：一是加快推进农村农业改革，坚定不移地推进农牧业供给侧结构性改革，用改革的力量打破阻碍农牧民增收的壁垒。二是打好脱贫攻坚战，结合同安区扶贫攻坚任务，积极落实各项扶贫攻坚政策，重点引进一批促进就业、改善民生的项目。采取土地流转、入股分红、发展特色产业等措施。通过政策、产业等方面的扶持，建设好农民生活家园。三是转变落后的经营思想，积极学习并接受先进经营理念。思路决定出路，因此要提高农民收入生活水平，使乡村振兴战略得到更好推进，必须转变发展思路，适应时代变化，接受先进的经营理念，探索开发一些符合我村以茶业为主导的农业发展特点的营销模式，以增加农牧民收入。

"生活富裕"又是针对某一特定时间段而言的。那么如何保持"生活富裕"的态度呢？我认为，军营村要做好实施乡村振兴战略和打赢脱贫攻坚战的有机衔接，坚持精准扶贫、精准脱贫，重视扶贫同扶志、扶智相结合，将提升脱贫质量摆在第一位，加强脱贫攻坚责任与监督意识，瞄准贫困户精准帮扶，激发贫困人口内生动力。

"五位一体"是党的十八大报告的"新提法"之一。经济建设、政治建设、文化建设、社会建设、生态文明建设——着眼于全面建成小康社会、实现社会主义现代化和中华民族伟大复兴。党的十八大报告对推进中国特色社会主义事业作出"五位一体"总体布局。军营村作为厦门市同安区"五位一体"示范村，要以组织实施好农业农村工作为目标，以整合涉及农业的项目资金为抓手，开展以村庄规建为先导，以特色产业为支撑，以生态优化为基础，以休闲农业为亮点，以乡风文明为根本的"五位一体"综合示范村建设。通过示范带动作用，我们要努力打造更加富裕、和谐、秀美的现代新型特色高山村；要用好军营"五位一体"示范村建设成果，认真谋划产业项目，带动农民增收致富。如，适当发展民宿，按照统一模式对现有民宿进行提升，同时规划新建一批中高档次民宿并统一运营管理；可以腾出空间开展餐饮业招商，满足游客需求；可以利用高山优势发展户外拓展训练，并打造成片区经济增长的重要模块；可以结合村庄实际从而生成特色文化项目等。

"山路弯弯，建设新农村，齐心奔小康！山路弯弯，共筑中国梦，山村幸福长……"正如军营村的村歌《山路弯弯》所唱，搭上了乡村振兴和乡村旅游的快车，这里的村民正把日子越过越红火。

第三节　军营村实现并保持"生活富裕"的能力

作为厦门偏远的高山村，军营村的乡村资源，无论是原生态景观，还是农产品，都要让有能力消费的人来消费，才能使资源"变现"。显然，对于偏远的山村来讲，这些"有能力消费的人"就是城市的都市人。那么，都市人需要什么？如何满足都市人的衣、食、住、行？

对于都市人而言，住房是头等大事。都市人可能想拥有一套军营农村住房吗？显然，这是不现实的。但是都市人完全可能把军营村作为"第二居所"，可以打造出特色乡村民宿，让都市人偶尔住住。现在的都市人追求生态宜居的环境，希望居住地绿水环抱，田园牧歌，不受打扰。一个能吸引都市人居住生活的乡村，环境一定非常优美；一个资源禀赋如此出众的乡村，本身就具有发展的很多可能。军营村在中央到地方各级政府的扶持帮助下，如今已经成为乡村振兴的一张名片，可以说名声在外，可以集中满足都市对乡村的体验需求：一是体验绿色有机产品；二是体验原生态农耕生活。围绕"体验"做文章，产业发展思路就清晰了，"生活富裕"就有了希望。深入理解都市人内心深处的渴求，围绕他们的需求，将乡村与城市的不同体现出来，让都市人真正感受到从一个生活空间转换到另一个生活空间。

正是有了这样清晰的发展路径，军营村在各级政府的关心支持下，在历届村两委的努力下，从原生态农耕生活体验出发，聚焦生态休闲旅游农业，保持农村清新的空气、葱郁的山林、翠绿的蔬菜、新鲜的水果、淳朴的民风……打造集观光、休闲和旅游于一体的新型农业生产经营模式。都市人之所以想到乡村，核心诉求是转换环境。因此，他们来军营村，并非将此作为生活目的地，而是作为体验场所。

既要做出差异，也必须尊重田园，尊重生态，尊重自然，尊重乡村，这样才能打造出一种与城市迥然有别的生活方式，让乡村充满魅力。

其实，体验有时就来自一些微不足道的细节。比如，高志云的匠造民宿，就非常有特色，它有一个非常好听的名字是"军营86号民宿"。"我想把这家民宿打造成为能在高山上体验茶道、陶艺等传统手工艺的文化空间。"高志云说，大学毕业后，他在台湾省创业，专注陶艺领域，"军营86号民宿"是他的一个特殊艺术品，他想扎根军营村，慢慢地将它打磨成他理想中的作品。

"现在，村里已经有7家农家乐、20余家民宿，共有220多个房间可以接待客人。"2020年村书记高泉伟接受福建日报社记者采访时表示，"以前村民都是下山去发展，这几年，包括十几名大学生在内的不少村民看到村里的变化纷纷回来，大家都对村子明天的发展很有信心。"

军营村还举办各类活动节事：发展主题农庄、亲子农园、休闲农牧场、现代农业示范园，让小池、村场、炮台、古道、老茶树成为有故事、有来历、有说道、有底蕴的文化产物，用情感创造价值，用情感提高体验。借助国家扶持和政策东风，乡村可以围绕都市人想要体验另一种生活方式的需求，让农产品"走出去"，把都市人"请进来"，让他们在乡村好好休假、休息、休闲，让他们返城后对乡村农产品念念不忘，从都市人"体验"切入，乡村农耕生活就有吸引力，农民"生活富裕"就有了着落。

军营村的致富经是我们一直努力实现高山人与都市人的"双赢"。

第四节　军营村"生活富裕"的不断实践

军营村过去交通不便，资源匮乏，经济基础薄弱，曾一度是厦门市最穷的一个高海拔村。近年来，军营村不断改善生态环境，发展特色产业，在"生活富裕"的道路上不断实践，也取得了瞩目的成果。

一、高山村的贫穷史：地瓜当粮草、孩子当背包

我们军营村素有"高山村"之称，也是厦门最偏远的山村之一。每年1月—5月，村里云山雾海，有人称之为厦门的"雾都"。多年来，云雾缭绕着村庄，茶香四溢。目前还有着原始的生态美，这里的天气很凉爽，夏季气温长期比市区低6℃~8℃；春秋季云雾缭绕空气清新；冬季常有雾凇结冰现象，是厦门少数可以体验冬景的游览胜地。同时，负氧离子特别丰富，是厦门的天然氧吧。

虽然改革开放后，我们国家确立了以经济发展为中心的发展道路。然而，当时的军营村是厦门最贫困的高海拔村庄，交通不便，资源匮乏，经济基础薄弱。我们的小山村地处山区，连一条像样的进城路都没有。当时村民要进城，就得跋山涉水，穿山涉林。20世纪80年代初，我们到长泰县务农非常困难。距离远的有7公里，近的也有3公里，全靠两条腿。常常黎明前出门，中午随便在地里生火做饭填饱肚子，晚上天黑后才能到家。有时为了赶生产，晚上睡在田间的茅草棚里。

昔日，"地瓜当粮草，孩子当背包"一度是军营村的真实写照，"吃一顿饱饭"是村里人的一种奢望。"交通靠走、通信靠吼、治安靠狗"是军营村以往的生活方式。贫穷、落后成了我们村绕不开的坎。

说起过去，我们军营村和白交祠村的村民都真的只能用"太苦"这两个字形容。不是不知道这里的山地适合种茶叶，但大家还是种植水稻和红薯，只有剩出足够多的时间，才能轮到照顾山上的茶园。那时候生活真的很苦，可没办法，要活下来，得有粮吃啊。两村的人几乎都一样忙，当时人们的想法非常直接，也很简单，我们得先填饱肚子。

可军营村和白交祠村山势高，且起伏不平，种水稻相当不容易。白交祠村有一大半的水田在长泰那边，军营村的水田最远的到了半山腰的大祠附近。在那个大部分时候靠肩膀挑水的年代，水源过于遥远，加重了我们村民的负担，增加了更多时间成本。再加上地区环境的原因造成水稻只能一年一熟，而非一年两熟。所有这些，都让大家的生活更加艰难。

再说这里的自然环境，我们在高山之上，山上的一草一木都是前人留给子孙后代的财富，是我们赖以生存的根本。可是 20 世纪 80 年代那会儿，我们高山上的村民穷，几十年都是依靠烧柴生火做饭、照明，日复一日年复一年地放肆砍伐，后面的山都秃了，也荒了。看着荒山，我们也很痛心，可村民们还在自我安慰、自我麻醉："祖宗们莫怪，实在是太穷了，我们也是没办法啊，我们得活下去！"军营村和白交祠村的村民都没有意识到这以后是多么严重的问题。

为什么就没有人想到去植树呢？都是因为穷。这种恶性循环的根源是人们的思想观念，因循守旧，不思进取，使得大家的日子越来越难过。

二、发展与守旧的时代碰撞

1984 年 9 月 29 日，中共中央、国务院《关于帮助贫困地区尽快改变面貌的通知》中，要求集中力量解决十几个连片贫困地区的问题。自 1986 年以来，全国开展了有计划、有组织、大规模地开展扶贫开发工作。大约是 1986 年的下半年，中央决定实行股份制，在部分企业进行试点。

1987 年 1 月 22 日，中共中央发出了《把农村改革引向深入》的通知。1991 年 11 月 25 日，中共十三届八中全会发布了中共中央《关于进一步加强农业和农村工作的决定》。

邓小平"南方谈话"之后，农村经济发展掀起了新的高潮。1993 年 11 月 5 日，中共中央、国务院发布的《关于当前农业和农村经济发展的若干政策措施》指出：在原定的耕地承包期到期之后，再延期 30 年不变。

对从事开荒、建设林地、治理荒漠化、改良土壤等开发性生产的，延长期限可以更长，实行"增人不增地，减人不减地"的办法，依法允许有偿转让土地使用权。

随后中共中央办公厅、国务院办公厅《关于进一步稳定和完善农村土地承包关系的通如》对土地使用权的流转制度做出了具体规定，土地承包期再延长 30 年。

中共十一届三中全会后，中国共产党在改革问题上听从人民的意见。农业承包制应运而生，从此，农民的生产积极性提高了。除了务农，还养鸡、鸭、鹅，农贸市场日益丰富，粮票、肉票、棉票等各类票逐渐消失。刚刚走出计划经济体制的人们，开始感受到改革带来的巨大变化。

尽快恢复和发展生产迫在眉睫。正是在这样的背景下，经济体制改革的大幕拉开了。农村土地改革、乡镇企业发展、国有企业改革、中外合资经营等多种经济模式，促进了我国社会生产力的发展。

外面的世界很美，但我们高山村的情况却很无奈，因为外来的大力改革还没有蔓延到边远山区，村民们连什么是乡镇企业都不知道，更别说股份制了。当时军营村的人从来没有听说过外面的故事，也从来没有受到改革浪潮的影响，因为山里没有汽车，没有商店，没有农贸市场，也没有企业。我们的村子被高高的大山世代庇护着，却也被高高的大山锁在了里面。即使村里的景色很美，美得就像人间仙境一样，也掩盖不了我们村是不毛之地、路广人稀的落后山村的事实。我们是处于发展困境的无名山村。

但谁曾想过，经过十几年、几十年的发展和改革，我们这个地处大山中的小山村能够被改造，不仅自己摘掉"贫困村"的称号，而且获得了很多的荣耀。军营村由昔日"地瓜当粮草，孩子当背包"贫穷生活变成今天的丰衣足食；从贫瘠土地变成肥沃土地；从偏僻落后的村庄，现在发展成为美丽新农村的典范。每一个收获，都带着我们每个人在军营建设中的心血和汗水。这是几十年坎坷道路的初衷。从中央顶层设计到因地制宜；从各级党员干部的艰苦奋斗到家家户户的努力奋斗，我们的军营村的建设如今成为新时代美丽新农村的典范。回看这一切的起源，是习近平总书记两次到我们村调研指导，以及"既要金山银山也要绿水青山"等蕴含绿色生态发展理念的重要讲话。这是一条将绿色生态保护建设与脱贫致富有机结合的绿色发展之路，这一系列讲话也为之后我们村的可持续绿色发展指明了总体方向。

而在中国共产党第十八次全国代表大会上提出的"五位一体"的总布局，是对"全面推进经济建设、政治建设、文化建设、社会建设、生态文明建设"的概括表述。自上而下，从省、市、县、村到地方村，为国家社会主义建设指明了一条健康发展、生活丰富、生态良好的文明发展道路。中央的指示，拨开了我们在建设过程中遇到的迷雾。按照习近平总书记指明的方向，开辟了更加清晰的发展道路。

在经济发展方面，我们紧跟时代，通过科技手段加强农业，通过"互联网+"与改良土壤、改良品种、销售"地方特色"等方式丰富和拓宽农产品销售的类型和渠道；还与"林晓晴的菜"合作，产生品牌效应，建设高山有机蔬菜采摘基地，重点打造"百利种苗军营红番茄""白交祠地瓜"等品牌；并通过推进省级农民创业示范基地建设，进一步实现土地的可持续高效利用。

我们还开启了一种"合伙抱团发展"的新模式，成立军营村西营茶叶专业合作社、白交祠村瑞壶祥生态茶叶合作社，让多数村民自由选择与云山茶业公司和恒利茶叶公司这两家当地的龙头企业签订合作协议，尽量规避市场风险，实现利益最大化。

我们村的山地曾经是发展道路上的一个头痛的问题。如今，我村利用自身的强势和弱势，充分利用丰富的山地资源，发展乡村旅游，推进第一、二、三产业融合，村民经济收入在稳步提高的基础上日益多元。不仅如此，亲子拓展、农家乐、民宿、咖啡屋、茶室、文创产品等也都纷纷兴起。2013年，我们军营村的村民年人均收入达10173元、白交祠村民年人均收入达10011元。2016年，两村游客量超过15万人、旅游收入超过200万元。

在政治建设方面，各级党委、政府和有关部门、单位赶赴一线，同我们一道努力，在做好村民思想工作的同时，加大人力、物力、财力投入，切实"扶"起脱贫的志气，真正做到挺起脱贫的腰板，激发两村村民持久性脱贫攻坚的内生动力，为城市发展提供精神动力。

2013年12月起，市委组织部接续选派18名年轻干部驻村挂职、补充到两村"两委"班子。每名干部与村民同吃同住同劳动 2 个月的时间，并且选派优秀干部驻村蹲点帮扶，解决了两村知识匮乏、技术缺乏、思路贫乏等问题。

2016 年 4 月 7 日，厦门市委党校、同安区委党校两级党校高山教学点正式揭牌成立，依托高山党校，充分挖掘红色资源，加大农村党员干部教育培训力度，定期组织党员干部集中学习理论，发挥新型智库作用，为两村发展集思广益，建言献策（见图 6-1）。

图 6-1 高山教学点

2019 年 9 月，福建省委党校、福建行政学院与中共厦门市同安区委签订合作协议，依托"高山党校"打造以"党建扶贫"为主题的现场教学基地，在我们这个厦门市海拔最高最偏远的行政村成立高山党校，具有非常特殊的意义。高山党校成了省、市、区三级党（院）校现场教学基地，以及市、区"两学一做"（学党章党规、学系列讲话，做合格党员）学习教育基地和"不忘初心、牢记使命"主题教育现场教学基地，为厦门大学马克思主义学院思想政治理论课实践提供教学基地，也成了省、市、区多部门开展党性教育的重要场所，这为我们村又加了一张闪亮的新名片。

在文化建设方面，市委宣传部拨付文化建设项目补助资金，支持两村文化公园、文化广场建设，不断完善两村文化广场、文化公园、舞台、篮球场、体育馆、图书阅览室等文化设施；支持组建广场舞队、腰鼓队、褒歌队、篮球队等文化队伍；持续开展大家喜闻乐见的"村晚"联欢、中秋博饼、乡村越野跑、篮球赛、视频摄影大赛等文化活动。挖掘高山文化精神，弘扬传统文化魅力，打造省级文明乡村。

2007年，莲花褒歌入选福建省第二批省级非物质文化遗产名录，褒歌作为两村村民采茶劳作的"好搭档"，茶余饭后的"好节目"，生产知识传授的"好工具"，饱含着茶农们对生活质朴而热烈的情感，从诞生至今，一直影响、丰富着两村村民们的生活，一年一度的褒歌赛不断激发村民的创作热情。两村的"踏火节""齐醮""进香"等传统民俗活动，吸引了一波波游客前来参观，展现了乡土文化旺盛的生命力，这是源于乡土的文化自觉、自省，体现了人们对乡土文化价值的根本认同。

而对于文化建设中的重要一环——教育建设，军营村更是全力投入，为这个山尖上的小村庄的发展前景画上了浓墨重彩的一笔。诸如，2019年9月，"高山上的阅读"第一节课在白交祠教学点举行，创造条件让孩子们养成好的阅读习惯；通过"教育云"平台，让村民能够同城市居民一起共享城市优质教育资源等。

在社会建设方面，我们定期邀请专业人士和专业机构来村里授课，并组织开展农家乐、民宿、制茶、广场舞、腰鼓队等多元化培训；带领村民"走出山里"，开阔眼界，积极发现和开拓脱贫"新点子"，引领村民们学习致富"新技能"。同时，我们还成立了两村乡贤"智囊团"和实行党员联系群众制度。党员要经常入户宣传，普及法律。普法活动经常在农村进行，律师要以案释法，引导村民尊崇法律、遵纪守法；每年公布年度"创先争优"人物榜，发挥榜样的作用；实施全民参保，为村民"兜底线"。

在生态文明建设方面，2013年，我们村被列为厦门市"五位一体"建设试点村，在各级党委政府、有关部门、社会各界的支持下，一条将生态建设与脱贫致富有机融合的绿色发展之路在我们眼前铺开，为我们的发展指明了方向。通过大力推进两村"山上戴帽"工程，短短3年完成造林960多亩、种植绿化苗木7930多棵、绿化植被1330平方米，完成1080米竹园登山步道及廊亭、步道等改造升级。

结合全村生态和人力资源，推进基础设施建设和环境整治工作，突出生态特色和产业特色，有效改善生活环境。现在，已有4100余亩的生态公益林、24000多亩的青翠山地，近处茶园绿意环绕，远处高山如黛，天蓝如洗，白云如絮。

长期以来，我们村坚持"绿水青山是金山银山"的引领，转变发展理念，完善发展思路，强化发展措施，通过营造优美的生态宜居的乡村环境，为发展特色乡村旅游提供有力支撑。大力推进环境综合整治、生活污水处理、饮用水源地改造、休闲观光农业基础设施建设、建筑立面改造等一批重点工程，实现道路硬化、庭院绿化、路灯、乡村绿化、新村环境。建设补充文化园、卫生所、图书馆等场地和设备。基础设施一应俱全，使村民的环境和生活得到显著改善，村容村貌焕然一新。作为垃圾分类试点村，积极完善村卫生保洁长效机制，引进专业公司经营，努力实现"无垃圾落地、零排放"的目标。

军营村的直通公路通车后，我们村的旅游业的增量有了很大提高，游客往来更加方便。我们村以旅游开发为依托，引导村民将空余民宿融入"合作社"，鼓励农户兴办"农家乐""民宿"，现在已经有7家较大的"农家乐"正式运营，60余家民宿，设备齐全，宽敞明亮，房间类型众多。我们村的民宿很有特色，装修简单，设施现代化。它不仅有我们当地独特的乡村风格，而且充分考虑了游客对现代化设施的需求。我们的民宿很受欢迎，周末和节假日经常客满，在2018年，游客量就突破了20万人。

受旅游业发展进程的启发，我们当地政府还引导村民成立了茶叶、果蔬、畜禽等专业合作社，搭建了产品销售平台。我们的特色产品，如，村民制作的红薯干、白菜干、高山乌龙茶等，都是具有地方特色的农作物。口味独特，天然无污染。手工制作，质量可靠。它们可以供家庭自用或作为礼物、伴手礼。这种集"吃、住、行、游、购"等一站式服务，提高了旅游品质，也提高了村民的收入。

乡村旅游开发，给我们村民带来了红利，不仅解决了村里富余劳动力的就业问题，还进一步拓宽了茶叶、地瓜、土鸡土鸭等土特产的销售渠道，为我们村经济的可持续发展找到了新的道路。

以前，我们村因为在山里，与外界交流困难而没有赶上时代的列车，但我们通过不断地努力，在今天终于找到了自己发展的路子，在未来，我们也会不断努力发展，通过自己的双手创造美好幸福的生活。

三、大力"变"为民谋福

村子里，乡村小道、青山绿水、潺潺小溪一同延展。小道两旁有不少村民售卖土特产。霜打的芥菜、包菜和萝卜干、地瓜干等各种各样的干菜很受欢迎。顺着村庄大道向上，是一所防空哨所，又称为战地古堡。沿路两旁的茶花、樱花、桃花相继开放。明末清初时，郑成功曾在此修建过许多城寨作为驻军营房，经过岁月的更替，虽然当年的军营早已不复存在，但是当地人把军营所在地取名为"村"。一个历经风雨的小村庄，在今天仍然以平缓稳定的方式存在，向人们诉说着它存在的意义。

曾经长时间作为军营村的村支书，我一直在想，我是如何坚持到今天的。我经常心怀感恩。感恩我在部队时的锻炼、学习和成长，特别是在20世纪60年代全国学雷锋运动时，在部队工作积极主动，不管是分内分外的小事我都去做，认真学习。

所以，回到农村，我深知"火车跑得快，全靠车头带"的道理。实现军营村的发展，村党组织责任重大，我作为村支部书记只能更加严格要求自己，只能下笨功夫加大基层党组织的建设力度，发挥基层党组织的带头作用。这大大激发了群众参与村庄发展建设的热情。

还记得，2018年12月9日，军营村早已寒气逼人。同安区领导干部冒着刺骨的冷风，前往军营村现场办公乡村振兴工作。他们一行现场查看了军营村祥裕茶厂回购及高山产业园、政治生活馆及山体整治、水尾山地公园景观工程、裸房整治及平改坡、道路及沿线节点景观提升升级等项目建设情况。据统计，军营村涉及裸房及平改坡改造的房屋共147栋，目前已全部完工。美丽庭院及房前屋后重要节点（旅游动线）提升工程、军营溪生态溪流景观改造工程也已进场施工。同安区领导干部要求抓好军营村乡村振兴工作，一定要充分发挥主观能动性，抓实主体责任，切实把军营村的乡村振兴工作做成精品，做出有品位的乡愁。"乡村振兴建设要统筹考虑，尽可能地保护高山上的原生态资源。因此，一定要在设计上把好关，因地制宜，把军营村建成一个有品位的乡村。"现场办公座谈会肯定了过去一段时间来，军营村乡村振兴的建设成果，提出接下来，要倒排工作计划、倒排时间节点、增强施工力量、加强通盘统筹，保质量保速度地完成项目建设。如何保质高效地完成项目建设？同安区领导干部强调，村支部和村委会这村两委一定要切实扛起乡村振兴建设的主体责任，通过召开村两委、党员、老人、人大代表等会议，进一步统一思想、统一认识，公平公正、实事求是，充分发挥先锋模范作用，推动工作有序开展。

从 2008 年开始，军营村花费 4000 多万元进行老村改造，共修建 3 条水泥路，道路互通，水泥路铺到每家门口，交通为发展提供了更多可能。高山党校由 2 层扩建至 3 层，投资 3000 多万元，文化广场 100 万元，湖里区政府提供 40 万元。军营村的这些"生活富裕"离不开方方面面的支持和帮助，我们也是记在心间。另外，关于军营村建设经费的筹措，还离不开全市之力的配合。敬老院的建造，电气有限公司提供了 30 万元。河道修建，两边草比田高，花费了 300 多万元，2018 年重新调整为 600 多万元。哨所重建花费 600 万元，两条 1 公里多长的环山路，使得运输方便，三米半宽、5 公里长的水泥路，花费了 600 多万元。乡村绿化工程花费了 8000 万元，平板坡改造 147 栋，私人出 30% 的费用，喷漆由政府出钱等。

第七章　治理有效：村委引领，全民参与

党的十九大报告对乡村振兴战略提出了"治理有效"的要求，提出"健全党组织领导的自治、法治、德治相结合的乡村治理体系"，"三治"已经成为新时代基层社会治理的发展方向。我们村在有效治理方面也进行了深入探索，扎实推进抓党建促乡村振兴，努力把我们村党支部打造成顽强战斗的堡垒，切实发挥农村党支部战斗堡垒作用，组织村民发展乡村产业，增强集体经济实力，带领全村人共同致富。

军营村党支部在各级党委领导的关心和村两委的带领下，深入开展乡村治理工作，推动"三治"融合发展，昔日远近皆知的"偏僻穷山村"已建成闻名遐迩的"富美新农村"，获评"全国乡村治理示范村"等荣誉。军营村是如何做到乡村"治理有效"的呢？我感触最深的就是村庄需要"善治"。我们村实现有效善治的主要做法：一是村级自治，以党支部引领的自治体制，努力在决策、执行和监督方面实现民主化、科学化；二是艺术化、人本化推进环境整治，改善村庄环境；三是加强生态建设，促进生态环境改善；四是推进生态经济发展，重点发展农业、旅游等产业，既推动了经济的发展，也保护了生态环境；五是重视文化传承，传承了家风家训，传承了乡土文化，保

留了传统建筑、文化遗产等；六是注重村庄精神文明建设，开展志愿服务、文化活动等，增强了社区凝聚力。总之，我们村多年来细致有效地构建起了健全的党组织领导的自治、法治、德治相结合的村庄治理体系。

第一节 军营高山人的乡村"治理有效"观

没有农业农村的现代化，就没有国家的现代化。今天的中国，现代化的短板在乡村，这已经是普遍共识。那么，要实施乡村振兴战略，就必须在产业兴旺、生态宜居、乡风文明、治理有效、生活富裕的密切结合中寻找制度配置之道。其中，"治理有效"在诸因素之中起着举足轻重的作用，加快建设乡村治理体系和促进治理能力现代化是实现乡村振兴的必由之路。

一、党的十八大以来乡村治理观的发展

党的十八大以来，中国共产党对新时代的乡村治理更加关注，在推进新农村乡村治理的实践过程中逐渐形成了内容丰富的乡村治理思想。

新中国成立初期，党的乡村工作的重点放在抓经济建设上，对乡村治理的关注还比较有限。改革开放以后，中国乡村开创了村民自我管理的自治新局面。自2004年起，中央一号文件连续聚焦"问题三农"。在党的十六届五中全会提出了乡村治理的具体要求。在党的十七大上提出"要统筹城乡发展，推进社会主义新农村建设"，肯定了推进社会主义新农村建设对于解决好"三农"问题的重要意义。党的十八大以来，党对乡村社会的治理问题愈加关注。（见表7-1所示）

表 7-1 党的十八大以来中央一号文件有关乡村治理的表述一览

年份	乡村治理相关内容
2013 年中央一号文件	提出要完善乡村治理机制，特别强调要加强农村的基层党组织建设
2014 年中央一号文件	提出了创新基层管理服务方面的要求
2015 年中央一号文件	提出要创新和完善乡村治理，鼓励探索村民自治的有效实现形式，并建立健全村民对村务的监督机制
2016 年中央一号文件	提出要加强农村基层党组织建设，创新和完善乡村治理机制，提出要加强乡镇服务型政府建设
2017 年中央一号文件	继续强调探索深化村民自治的实践形式，在健全村务监督机制方面提出要加强村务监督委员会建设
2018 年中央一号文件	提出实施乡村振兴战略，对乡村治理提出了新的目标和要求，要求构建乡村治理新体系，并提出了深化村民自治实践、建设法治乡村、提升乡村德治水平的具体要求
2019 年中央一号文件	提出了完善乡村治理机制，发挥群众参与治理的主体作用，还将农村精神文明建设和推进平安乡村建设也纳入了完善乡村治理机制的范畴
2020 年中央一号文件	推进村民自治制度化、规范化、程序化。扎实开展自治、法治、德治相结合的乡村治理体系建设试点示范，推广乡村治理创新性典型案例经验。注重发挥家庭、家教、家风在乡村治理中的重要作用
2021 年中央一号文件	充分发挥农村基层党组织领导作用，持续抓党建促乡村振兴。在有条件的地方积极推行村党组织书记通过法定程序担任村民委员会主任。坚持和完善向重点乡村选派驻村第一书记和工作队制度。开展乡村治理试点示范创建工作

从表 7-1 中可以看出，党中央在分析乡村治理现状的思考中，在探索乡村治理问题的解决之道中逐渐形成了党中央的乡村治理思想：以平安为前提，坚持自治、法治、德治相结合，共同推进乡村治理实践，推动乡村和谐有序、充满活力局面的出现。

中央对农村工作高度重视，中央一号文件始终关注农村农业问题。作为长期从事乡村自治治理工作的我们，中央一号文件的重要性不言而喻。不知从什么时候开始，中央一号文件就是我们当年工作的重要学习实践课之一。从党的十八大以来的中央一号文件可以看出，党对乡村治理的重视始终没有变化，但是提出的方针政策却是每年都有变化，在我们看来，那就是从发展现代农业，到深化农村改革，又强调在新的发展理念下加快农业现代化、坚持农业农村优先发展、推进农业供给侧结构性改革，当然重中之重就是实施乡村振兴战略，这一系统列的变化过程，涵盖了"三农"工作的方方面面。我们国家情况发生了变化，全球形势也在不断变化之中，但是我党总能根据时势变化，提出适合时宜的"三农"问题的发展之策，从不同的角度、方位和切入点推进"三农"工作。在我工作这么多年中，对乡村发展最大的感触就是乡村利益结构的变动，加之新发展带来的新情况、新挑战，进而带来的乡村面貌的变化使得原已存在的治理问题充分地暴露出来，所以，乡村治理问题也越来越成为整个"三农"问题解决的关键环节。这些在党的十八大以来的中央一号文件中也多有体现，健全乡村治理机制，改善乡村社会面貌，建立安定有序、生动且充满活力的乡村社会，是贯穿在这些一号文件中不变的主题。

所有这些贯彻到我们日常的乡村治理工作中，在我看来，主要应该体现在这样几个方面：一是推进乡村治理要以基层党组织为抓手，坚持以习近平同志为核心的党中央的领导；二是以自治为基石，深化村民自治实践；三是以法治为保障，建设法治乡村；四是以德治聚人心，建设文明乡村；五是以平安为前提，建设平安乡村。

二、军营村的"治理有效"观

30多年来，军营村日新月异，我当村支书时的环境、条例、观念跟今天已经有了很大的区别。原来的乡村治理体系中的某些成分，已难以适应社会变化的要求。因此，军营村实施乡村振兴战略，必须进一步深化改革，从社会治理角度进行强有力的制度建设。

军营村和山下世界之间只有一条狭窄崎岖的羊肠小道，曾经军营村民住在山里的石头房里，家里的粥里看不到米粒。可就是这样一个远离喧嚣几乎与世隔绝的遥远小山村，依然沐浴着党的光辉。

自1969年以来，历届党支部秉持着敢为人先的开创精神和甘于奉献的付出精神，为军营村开辟道路、修建水库、谋划发展，领导军营村勇创、实干、兴邦；以高树足等乡贤为代表的村民乐于学习、勇担责任、帮助邻里，在邻长制等新的组织体系建设的创新下为军营村的发展出谋出力；以老人协会骨干成员为代表的村里老人以身作则，是军营村发展有力的后勤支撑，为"富美军营"力所能及地贡献自己的绵薄之力。军营村是每个村民共同的家园，村民是军营村的主体，是军营村治理、发展、建造上不可或缺的力量。如何治理军营，他们各自都交出了一份满意的答卷。

所以，从我和高泉国等村干部搭班开始，我们就逐步厘清了今后工作的努力方向。

一是以强有力的党建加强乡村基层自治组织建设。没有一个坚持原则、尊重农民、清正廉洁、敢于负责的基层组织，难以振兴乡村。中共中央、国务院《关于实施乡村振兴战略的意见》提出了实施乡村振兴战略的基本原则，为乡村振兴提供坚强有力的政治保障，其中第一项就是"坚持党管农村工作"。

二是整合乡村各个群体的力量，构建乡村治理新体系。建立健全党委领导、政府负责、社会协同、公众参与、法治保障的现代乡村社会治理体制，坚持将自治、法治、德治相结合，确保乡村社会充满活力、和谐有序。推进乡村治理能力提升，关键是要健全完善现代乡村治理体系，只有治理体系得到完善，治理能力和治理成效才会体现出来。

三是消除黄赌毒、盗拐骗的社会基础问题，维护好平安祥和的社会环境，建设平安乡村。

四是加强乡村的社会建设，积极发挥新乡贤作用，加强互帮互助社会网络建设。

五是着力"通"建设——路通、电通、信息通，加快推进城镇基础设施和公共服务向农村延伸，重视农村养老资源的开发。

六是建立积极向上的乡村文化，开展移风易俗行动，培育文明乡风、良好家风、淳朴民风，不断提高乡村社会文明程度。

七是加强乡村生态文明建设，加强突出环境问题综合治理。

第二节　军营村"治理有效"的积极实践

中华人民共和国在中国共产党的领导下，实现了民族的独立、人民的解放、生活水平的提高。可以说，没有中国共产党，就没有今天巍然屹立于世界东方的人口大国、经济大国、文化大国，以及我们对于经济强国、文化强国的追求；没有中国共产党，就没有今天全国人民脱贫攻坚的伟大胜利，人民依然不能吃饱饭、穿暖衣；没有中国共产党，就没有众多华人华侨走出国门的昂首挺胸。所以，一个国家需要一个好的政党，一个把人民利益放在心上、始终坚持人民至上的政党，一个为人民创造良好生活条件的政党，一个始终致力于实现民族尊严和国家富强的政党。

一个国家是如此，一个村庄更是如此。中华人民共和国在中国共产党的领导下，目标明确、艰苦奋斗、砥砺前行，每一个省、每一个市、每一个区、每一个镇、每一个村，都应该紧跟国家与时代的步伐。而每一个干部、每一个共产党员，都要把所担负的人民利益、人民幸福放在心上，时刻为人民奋斗。

一、村民富不富，关键看支部

支部就是村庄发展的指南针，干部就是村民方向的引路人；支部是村庄难题的克服者，干部是村民问题的解决者。"村民富不富，关键看支部""村看村，户看户，群众看干部"这两句俗语就是支部与干部为村庄谋发展、做群众铺路石的最好阐释与最大鼓舞。

我是 1962 年当兵，1964 年在部队入党，部队是一个非常锻炼人的地方，原来我们读书比较少，就只读到初中或者是小学。在部队提升文化水平时，我非常认真地对待，学习比较认真，工作也比较积极和主动，一些分外的小事我也去做。部队锻炼了我，也培养了我，我也更加珍惜在部队里所受的教育和锻炼，每年都被评为"五好战士"。中国共产党是无产阶级工人阶级先锋队，我一直牢记这一点，董存瑞、黄继光、刘胡兰等英雄人物也一直深深地影响着我。他们不怕艰苦、不怕牺牲，舍小我为大我，舍小家为大家，为今天的中华民族的兴盛、为后续的炎黄子孙的幸福，牺牲个人。我们要向这些革命先烈学习，真正去为党、为人民做一些力所能及的贡献，不辱没党员的身份。

我离开部队，回到军营村以后，依然牢记自己的党员身份，牢记党对我的深深教诲与深刻影响。那时我开始在村里任党支部书记，高泉国任村委会主任，在上级党委、政府和专业机构单位的支持、指导下，军营村迈出了追逐梦想的脚步。

那时军营村是个贫困村，村民的生活异常艰难——吃水困难、用电困难、温饱困难，夜里也没有电灯，通水、通电、通路是军营村几代人的梦想。军营村的首要任务就是摆脱贫困，军营村民的首要难题就是解决温饱。所以，上级领导，包括我们村两委的骨干成员，虽然充分了解建造牛心石水库的困难和为此要付出的巨大劳力、财力，但我们依然认为，牛心石水库的建造是非常必要和势在必行的。没有水库，军营村的发展将继续受到制约；没有水库，军营村民的生活水平将持续得不到较大程度的提高。在上级的支持、指示与领导下，我们决定修建牛心石水库。有了水库，可以浇筑灌溉农田；有了水库，可以解决发电问题；有了水库，可以让村民的生活少一点儿艰难，多一点儿舒适。

建造水库的过程十分艰难，我们不仅面临这个巨大工程在技术与资金方面的困难，更面临着村民没有足够热情与信心的困难。

习惯甘于处在艰苦生活的军营村民，不愿意相信还能改变，也不愿意动手主动争取，在思想、行动上都放不开，因此对于修建牛心石水库存在诸多疑虑。他们觉得这是一件天方夜谭的事情。在这种情况下，需要支部尤其村干部积极地引导村民，因为支部不只是重大方向的决策者，更是村民力量的发掘者，是村里人心的凝聚者。村干部要为村民创造良好的生活条件，更要引导着村民在通往美好生活的道路上持之以恒、不懈追求。党员就要吃苦在前、享受在后，勇担责任，为改变乡村面貌出力，为让每个村民都充满幸福的眼神而奋斗。只有富起来了，村民们才能重新相信希望。

所以，在最初村民不愿意出力，甚至反对建造水库的时候，就需要一批能力强、觉悟高、讲奉献的党员同志，深化党支部和村委会的领导与协调力量，不怕面对困难，勇于挑战困难，敢于担当困难，在问题中寻找解决方法，寻求更好地发展……经过支部一番苦口婆心、动之以情、晓之以理的劝说，终于在 1969 年 10 月，牛心石水库开始动工，军营村村民开始为一个共同的、遥远的而又现实的目标而奋斗。

村民积极性的问题解决了，随之而来的又一个问题诞生了。由于当时动工的时候已经 10 月，将近冬天，高山气温开始降低，在清理河底的淤泥时，一些村民被冻伤了，冻伤的村民被迫误工养伤，没冻伤的村民也在心里打起了退堂鼓。改善村庄与生活的希望还在很远的地方，是虚幻的，但吃的苦、下的力气却是真实存在的现实，所以不少村民后悔了，在动工之初，士气尤其低落。

整体士气的低落并不妨碍有士气高昂的人存在，高金镖就是这样一个充满了干劲的人。他那时正当壮年，也有力气，拉红土这样需要力气大的工作非常适合他。我们村两委就安排他每次负责用板车拉红土，并对他的工作和为人进行积极的肯定和夸奖。到中午快下班的时候，我们会让大家提前休息几分钟，利用这几分钟大家放松的空隙，对高金镖等人进行夸奖，等到晚上，再一次对表现好的人点名加以表扬。我还记得当时村两委专门在工地上放了一个大喇叭。你要别人勤劳吃苦，自己就要以身作则，于是我们村两委班子成员每天比别的村民提早几分钟过去，记下当天第一个来工作的人，等到上午 9 点钟休息的时间，我们便用早上带来的喇叭高声表扬那些积极干活的村民。这样一来，一天 3 次的表扬时间，不但奖罚分明，增加了大家的干劲，也增强了村民间的竞争力，不积极的村民变得积极了，不愿出力的人也不再袖手旁观了，积极的人也变得更积极，原本低沉的士气没几天就高涨起来，大家终于拧成了一股绳，为军营村的未来，为军营村民的幸福生活共同出力，争相奋斗。

在建造牛心石水库的整个过程中，村民身上显现的难题到此终于全部克服，涣散的军心凝聚了起来，共同的目标坚定了起来，军营村在富起来的路上一步步走了起来。到 1974 年，历时 5 年，我们这届党支部带领村民富起来的第一项任务终于圆满完工——50 万立方米库容的牛心石水库，带着每一个军营村民的汗水，带着党支部的蓝图，带着党员领导下团结一心、众志成城的精神，终于在这个遥远的高山村竣工。水库完成后的第二年的 1 月，军营村开始使用土法进行引水发电，由蜡烛或油灯点亮的夜晚渐渐消失在军营村的夜色里，村口悬挂起的吊灯不仅照亮了无数村民回家的路途，更照亮了军营村在一片黑暗中慢慢摸索出的通往富裕小康的第一步。在相关部门的领导与支持下，军营村建起了 20 千瓦水电站，不但解决了照明问题，村民的生活便利了，这更是向生产效率的提高迈出的一大步。因为有了电，村里便买了 1 台碾米机和 4 台茶叶揉捻机，村民再也不用穿越层层山路，花费一天或是更长的时间到安溪大坪去碾米，他们可以自己碾米、自己照明、自己炒茶。在生活与生产上，军营村都有了第一步的突破。

有了水库灌溉两百亩的农田，有了电灯照亮无数的夜晚，军营村要想富起来，还需要交通，一个与世界联系的桥梁，它所能带来的不仅仅是出行的便捷，更是信息的接收、新事物的接触、观念的改变。

现在从厦门到军营村非常便捷，无论是汽车、公交还是摩托车，只要绕着盘山公路上一圈圈地跑就行了，与厦门之间的交通也十分便利，更不要说和白交祠、西坑、淡溪这些村庄了。可是在几十年以前，从上陵村到军营村就只有一条60厘米宽的羊肠小道。贫瘠艰苦还在其次，羊肠小道限制了村民的生活，村民得靠着两条腿来挑着担，通过这条狭窄的小路到山外去交换来他们所需要的生产和生活用品，满足后续的生产和生活需要。山路非常难走，通常一来一回，一天的时间就没了，这样就不只是村民劳累困苦的问题，而且是效率低、渠道单一的问题。军营村的村民经常开玩笑说："我们养猪都不敢全力养，怕到时养得太肥，运不出去就惨了。"虽然是玩笑话，但由此可见那条路窄到什么程度，又对村民的生活限制到什么程度。所以，这条走出大山的路解决不了，压在村民肩上的重担就解放不了，人流、物流、信息流就顺畅不了，军营村也就发展不了。

但军营村的村民们早已习惯了这条路上的艰险与劳累，就像习惯了生活带给他们的贫穷困苦一样，他们是不敢想这条路能有什么改变的，即便他们切实地希望能有一条稍微舒适一点儿的路，可是没有资金、工具和技术，他们也做不了什么。村民解决不了的困难，就需要支部去想办法，村民不敢奢望的条件，就需要支部去积极创造。

修路是一件大事，关系的不仅是军营一个村，这条路联系着军营、白交祠、西坑、淡溪4个村庄，修路的劳动力我们4个村庄可以共同提供，但4个村的贫困状况不相上下，资金和技术谁也没有办法解决，是个大问题。于是，我们想到了要向上级政府寻求帮助。至今，那段经历一直留在我的脑海里。记得那时，我每周都要下山两次，先去市交通局等各个部门申请修路资金，再到区交通局去请求技术支持。每当我走到那条崎岖的小土路上时，我都会想到每一个军营村村民是怎样艰难地挑着担，带回换来的有限的物资，每个在家里的妇女又是怎样在门口翘首企盼丈夫的归来。我也会想到这条路竣工时村民们欢呼雀跃的场景，想到这条路上不久就会出现的车水马龙的繁荣的场面。就这样，村民们的汗水交织着他们的笑脸，鼓舞着我一次又一次踏上这条希望之路。这条路通了，才能使军营村的发展有希望，才能点燃村民眼里希望的火焰。

最终，支部没有辜负大家的期望，成功向上级相关部门申请到了资金。市交通局先给村里拨了4万元的款项，区交通局也派来了专业的技术指导，而后，这笔修路资金又追加了10多万元。在上级领导的支持下，横亘在4个村之间的巨大难题终于解决，实施修路的计划正式提上日程，还成立了专门的指挥部，由莲花公社的社长担任总指挥。

1975年下半年，交通局的技术人员开始对这条路进行测量，测量工作非常艰苦。因为当时的那条小路又窄又破，不止连下脚勘察的地方都没有，当遇上天气不好的时候，就浑身都是泥巴，经常摔跤。由于前期的勘察准备工作非常艰苦，到1976年，才开始全面动工，采用民办公助的形式，军营、白交祠、西坑、淡溪4个村的劳动力被全面调动。由于条件有限，村民们自带工具、粮食、日用品，简称"三自带"。每天一大早，原本人烟稀少的山路开始变得拥挤起来，4个村的村民或拿着铁锹，或扛着锄头，或拎着大镐，一起迎着朝阳，向前方走去。前方已经成了4个村庄的明天所在，也是4个村村民的希望所在。

在修路工作中，支部借鉴和延续了修建牛心石水库的经验，党员和干部们与村民同吃住、共进退，制定奖罚分明的工作原则，依然对工作努力和有出色表现的村民们给予表扬和褒奖，原本就积极的士气变得更加高昂。到

1977 年，12 公里的通村公路，带着每个村民挥洒过的汗水、留下过的期盼，盘桓在上陵村与军营村之间。

这条通村公路没有辜负支部、每个村民对它寄予的深切期望。从前村民们靠着挑担，一次最多能挑 50 公斤，来往就要一天，也就是说，一个劳动力一天最多只能带来 50 公斤物资的交换。通村公路建成之后，拖拉机等货车可以通行，只需要一个司机，一次就能托运 1500 公斤的物资。同样是一个劳动力，带来的却是翻天覆地的变化，不只运送重量增加，时间也缩短了，生产效率得到了翻倍的提升，村民的肩膀彻底解放出来。村民的生活也真切地改善了，军营村从前都是因地制宜，村民多运用山上物资建造土坯房或石头房。建成通村公路之后，山外的地砖、瓦片开始被运进村里，村民房子的样式、装修、规格开始丰富多彩起来，展示着他们的生活也开始绚烂多姿起来。

我们这一路走来，从羊肠小道出发，踏上资金与技术的寻求之旅，到技术队的测量勘察，到众志成城地动员施工，到最后通车的顺利完成，一切的辛苦都是值得的，村民的肩膀解放了、生活也改善了。事实上，这条路带给军营村的惊喜远不止此，谁也没有想到，几年以后，在这条路上会两度迎来习近平总书记的身影。而军营村带着总书记对军营村的发展方向的指导，又迎来了飞速发展的重要一步。

从军营村内部来讲，水库使村民实现了灌溉农田的便利，解决了照明的问题，也使机器的便利得以被运用，军营村村民自身的生产和生活水平得到了切实的保证。从军营村与外界的联系来讲，通村公路的完工加速了村民人口的流动、村村之间物资的流通，还有城村之间信息的流动，这是一条通往白交祠等其他 3 个村庄的道路，也是通往厦门市的重要一步，更是军营村走向世界的第一步。军营村的每一步，都不是支部的一时兴起，而是切实关切村民的需要所在，细心谋划村庄的发展所在，内外一体，相辅相成，奠定军营村后续发展的基础。

这一切的突破与进步都建立在每一个村民的努力和付出上，村民在军营这一片高山中、这一片土地上，尽情挥洒汗水，应当享受着被自己的汗水浇灌出的军营村所带来的生活水平的提高、年收入的增加、日常行动的便利。这一切更离不开在党领导下的支部的努力。如果说村民的力量是一项巨大的财富等待着被挖掘，等待着被领导者开辟出一条富裕美满之路，那么村支部无疑就是这个挖掘者，是这个领头羊，我们要带领村民跟随时代的号角、跟随党的领导为村庄做出正确的决策，要凝聚村民的力量，以身作则地帮助村民在前进的道路上克服种种困难。一个有勇气、有魄力的支部是村民的指路明灯，在他们看不到希望的时候，坚定地为他们选择道路、答疑解惑、指明方向；一个不怕困难、担当责任的支部是村庄的铺路石，在前方困难重重时，披荆斩棘、从不言败。这一切更离不开伟大的中国共产党的领导，没有共产党为我们提供种种条件，没有上级领导对军营村提供各种政策、财政、技术、物资上的支持，军营村也不可能顺利地开创水到电到路这一系列的建设，从而加强与外界的联系，走出实践中探索的第一步。

二、办法总比困难多

1997年，经过我们历届村两委的不懈努力，当时军营村水、电、路的问题都已经有所改善，并朝着习近平总书记指导的新的方向稳步向前发展。在过去的十年里，军营村不断开垦荒地、种植茶园，1986年，茶园种植面积仅为400多亩，到1997年，已经增长为2000多亩，每户都基本保持着几十亩的茶园，村民收入有了明显提高，但相比山下的经济发展还存在着巨大差异。军营村所面临的主要问题变成了如何继续增收并提高生产效率，进一步提高生产效益、生活水平，缩小与山下经济水平的差距。在乡村实践过程中，我们也深刻认识到，乡村治理，重在实干。因为当我们把各种各样的困难、各种各样的待解问题一一克服之后，就会发现办法总比困难多。

在这样的基本情况和背景下，也就是我从党支部书记任上退下来的那一年，为了今后军营村持续健康发展，我们村两委提出要建造一个现代化茶厂的构想：提高制茶水平和茶叶品质势在必行，从手工制茶转向机器化生产也是迫在眉睫。但对我们村干部来讲，有构想远远不够，现实中面临着许多困难，能不能解决这些困难，如何解决这些困难，也是支部的主要任务。当时必须先解决的第一个问题是投资，要建造一个茶厂，就必须要有资金，通过村两委班子多方面、多渠道的争取，最终在 2000 年 5 月完成了投资总计 70 万元的军营村茶厂的建造。70 万元在当时，尤其对于当时的军营村来讲，简直是一笔天文数字，这期间所面对的困难、付出的努力可想而知。

资金的问题解决了，接下来就是生产力的问题。蒸汽机带动了第一次轻工业革命，使人类进入了蒸汽时代；电动机、内燃机带动了第二次重工业革命，促进了生产力的高速发展，使人类进入了电力时代。军营村也同样需要几台现代化的"机器"，为村里真正带来一场生产力革命。一批先进的制茶机器就这样在村两委的争取下来到了军营村，真正意义上开启了军营村机械制茶的时代，大大提高了生产率。

生产率的提高带来了生产力的解放，生产力的解放带来了军营村持续扩大的种茶面积和不断提高的居民收入。最终在 2009 年，村里的茶园种植面积达到了 6000 多亩，村民人均年收入接近 9000 元，向通往小康的道路上迈出了一大步。

143

虽然贯穿白交祠、军营、西坑、淡溪4个村的大路修好了，但军营村进村的小路还依然破败不堪，就像军营村大的发展规划和方向已然落实，可在小的细节上还存在诸多要填充的地方一样。经过全村干部共同努力筹措资金，终于把收购茶叶的路一步步从村口修到了村部，货车、拖拉机不再只能开到村口，村民买卖茶叶更方便了，物资运输也更便捷了，村民的生活在一点一点地充实起来。

2008年，村里的生活好了起来，村里的环境问题又成了颇为头疼的事，这首先便是家禽的粪便问题。各家各户都养有鸡鸭，因为不圈养，鸡鸭乱跑，由此也带来了粪便满地的情况。要改变这一乱象是非常困难的事，因为村民早已习惯了这样的做法，一代又一代都是这样过来的。但时代变化了，军营村如果还停留在过去的观念和习惯里，那将永远被遗落在时代的角落里，这样村民刚刚好起来的日子又能持续多久呢？还能不能更好一点呢？村干部尤其要有革新意识。在我们老人协会的帮助下，发挥老同志的威望优势，身体力行，挨个对村民做思想工作，并强行规定，谁家的家禽跑到了马路上，便不再归这家所有，谁看到都可以抓走。这样软硬兼施，最终慢慢改变了家禽粪便满地的状况，军营村也最终得了回报，自2009年起，连续多次在全市卫生考评中排名第一。

从2007年开始，全国茶叶行业进入了一个新的发展阶段，市场竞争不断加大，村民经营茶叶的收入有所缩水，外出打工成了一种新的潮流。村民的不断流出固然加强了村里与外界的联系，但村里原本就小的人口基数一下子就更小了，劳动力短缺，多处茶园甚至开始荒废。在这种情况之下，如何保持军营村的竞争力成为新时代的新烦恼。我们经过分析村庄的独特优势和自然条件，认为发展乡村文旅是一条正确的道路。为此，我们发掘并一步步规划改造七彩池，将高山茶产业链向文旅端延伸，最后将军营村带上了乡村旅游的道路，乡村旅游如今已成为军营村的核心产业之一。

2015年，军营村在乡村旅游的探索实践中发展得越来越好，我们又鼓励包括高水银在内的多个村民开设农家乐，坚持不懈地给他们普及乡村旅游的发展前景和政府的扶持政策，并且亲自帮助文化水平不高的村民办理各种手续，给予他们各种指导和建议，殷切地希望他们能再进一步提高收入水平。

2017年，军营村在发展乡村旅游的道路上越走越坚定，越走越漂亮，开始全方位地修建各处景观。但其中一个景观的资金迟迟不到位，而工人又需要工钱才能开工。眼看着时间被一点点地耽搁，进度被一点点地放缓，我们便想方设法借钱筹措款项，使工程顺利开展，如期进行。

看今天的富美军营，太阳下变化色彩的七彩池、风格各异、特色鲜明的众多民宿、广阔平坦的进村公路、整洁干净的乡村街道……这一切都是军营村民一路走来一步步奋斗努力的见证，我们历任村干部的自豪感溢于言表。

所有的这一切，都是历届村两委在村庄治理上的积极有效探索，都源于他们坚信办法总比困难多。往前看，这里的每一处每一角都是牛心石水库最初建成时所带来的第一缕曙光，是通村公路通行时的巨大改变；是一届又一届支部的努力，是一代又一代村民的奋进，是接力棒在两届支部、两代村民之间的不断传递。尤其在习近平总书记两上军营村调研指导下，这把接力棒将延绵不断地传下去，"村民富不富，关键看支部"，这把接力棒已经从历届村党支部的手里传到了今天，军营的未来如何，更是要还看今朝。

三、"法、自、德"三治融合,实现村民共治

在 2020 年我国全面实现小康社会以后,面对 2035 年,在基本实现社会主义现代化的新征程里,"基本实现国家治理体系和治理能力现代化,人民平等参与、平等发展权利得到充分保障,基本建成法治国家、法治政府、法治社会"是其中一个不可忽视的远景目标。

农村是衡量我们是否能实现这个远景目标的重要因素:一方面,传统农村以家庭为基本生产单位,邻里之间关系单一,较少面对大的经济纠纷,能够用到法律的场景较少;另一方面,法院、律师事务所多建立在城市,农村建立点非常少,且农民的文化水平有限,导致其对法律的了解途径较少,由于不了解、接触少,因而形成了一种法律意识淡薄的现象。农民解决问题的方式依然还停留在乡邻评理、打架斗殴等落后的阶段。所以,普及农民的法律意识、构建农村的法治体系是一件势在必行、刻不容缓的事情。正是在这样的客观形势下,"高山议理堂"顺势而出,一是加强农民的法律意识,使他们懂法、知法、守法;二是教会他们用正当的法律手段维护自己的权益。本着这两个目标,议理堂在建设中不断摸索改善,在实践中不断完善法治军营村的构建。

2019 年底,同安区人民法院、同安局司法局莲花司法所、同安区莲花镇人民政府在军营村开始"高山议理堂"的探索模式,送法下乡,旨在为广大的农村农民提供便捷、有效、合适的法律服务。所谓"议理堂",主要目标和重点任务自然在"议理"二字,那么议什么人的理?什么人来议?在哪里议?采用什么样的方式议呢?

　　明清时期就有"申明亭""叠绳堂"等为乡土百姓解决纠纷所设立的议事之所。中国五千年的历史蕴藏着一代又一代中国人民智慧的结晶，"申明""叠绳"早已在前，我们便可以借鉴古人之方法，取其精华，弃其糟粕。议理堂在申明亭等"惩恶扬善"的宗旨和纲领的基础上，顺应新时代的要求，将其内部结构更加合理化，将传统文化与现代司法理念相结合使其更加权威化，在讲道德讲权威的同时，更讲法律，用公正的法律、用权威的人士帮助需要裁决、评理的人议理；在现场讲解、评理的同时加入信息技术手段，设立远程在线解决纠纷平台，实现法院调解室、司法所调解室与议理堂的同步在线调解、上传证据、协议签订、司法确认等；在评理议理的同时制作包含典型案例的普法宣传手册，推出面向农村的法治巡回讲堂和线上法治课程。

　　议理堂的首要任务便是对村民进行法律知识的普及，因为这涉及一个人生活的方方面面。比如，婚嫁问题方面，女性该不该迁出户口？在房屋拆迁时，又能不能获得拆迁补偿款的权利？在土地租赁方面，如果被拆迁的土地正在出租中，那么归属权的问题又是如何规定、如何解决？在农民工的劳动合同中，如果因工受伤，又能够取得哪些补偿？每一个具体的问题都能从我国的现行法律中找到依据。但不要说明白这些法律了，对大部分的村民来讲，了解乃至听说过的村民都非常少，而法律常识又是不可或缺的，于是同安法院法官李昌明等法律工作者便以"议理堂"为依托，深入乡村，对村民进行普法宣传。他们通过案例转化，把经历过的真实案例变成一个个生动形象的故事，不仅可以吸引村民的注意，而且简洁易懂，轻松有效地将故事里包含的法律知识阐释出来，使得村民豁然开朗，印象深刻，尤其在文化水平不高的村民中取得了显著成效。除此之外，着重以村两委等党员、干部为重点，优先巩固他们的法律知识，再由他们传向每一个村民，层层缠绕，使法治理念真正扎根乡土。在线下普法的同时,"议理堂"还被运作为"法制巡回讲堂"的主要阵地,推出多种普法课程。

在这种线上线下的通力协作下,许多村民的法律意识得到了显著提高。正如,同安法院分管副院长张镇安所说:"'议理堂'搭台,让许多村民弄懂了法律知识,将许多原本可能发生的纠纷矛盾化解在了萌芽阶段,也为其他面临征拆的乡村提供了基层社会治理新经验。"

"农村离城市远,'议理堂'的建设,既免去了村民的长途奔波,也为乡村工作增添了法律分量。"曾任军营村调委会主任的高荣球说。"议理堂"一方面通过多种多样的活动形式在对村民进行的普法宣传和教育层面卓有成效;另一方面在法律的基础上叠加道德评议,开创法律道德一体化的评议模式,在对村民之间的纠纷调解上也卓有成效。自"高山议理堂"创立以来,在它辐射的莲花镇的 9 个高山村中,共成功调解矛盾纠纷 40 多起,有效地推动了农村纠纷的溯源管理和源头减量,村民间的借款问题就是其中一例。

借款这件事在农村尤其比较要好的同乡之间非常常见。虽然现在银行借贷非常普遍,但对于一些保守的人尤其老年人来说,一方面是他们自身比较难以接受新的事物和观念,而且"贷款"这个词对于大多数种地的农村居民来讲,还是非常陌生的。另一方面,是难以逾越的城乡差距,无论在银行规模还是银行数量上,城市和乡村的银行投入差距非常大,这自然也导致了很多村民并没有机会充分了解银行的基础业务。所以,同乡来借钱时,村民大多收下借条就把钱借了出去,但对于何时归还是不知道的。

"一个同乡找我借钱,可借条上没写还款时间,一晃三四年过去了,这笔钱还是欠着。"村民高某就面临着这样钱财归还遥遥无期的情况。两人相持不下、协商无果,最终在军营村"高山议理堂"进行这场借贷纠纷调解。

纠纷双方当事人提出诉求，村调委会等莲花镇村民参与调解观看，同时通过远程平台连接了特邀调解员、法官助理、司法所工作人员等参与协助指导。当事人双方各自在自己的角度叙述事实，难免失之偏颇。调解员便站在一个较为公正的角度，在尊重客观事实的基础上，通过讲情拉近双方的心理距离，避免矛盾进一步激化；法官在调解员动之以情的基础上晓之以理，根据事实讲解相应的法律规章，在公正地解决当事人矛盾的同时，也为现场观众做了一次形象的普法宣传。最终，纠纷双方，在各方的努力下，达成和解，在线签署调解协议。

像这样的案例还有很多，"议理堂"的一个重要特点就是既要遵法，又要顾情，既要有法律意识与准则，又不能罔顾道德约束。最终通过村民说事、干部评理、法律工作者普法来全方位地使纠纷得到解决，同时加以心理辅导、公证调解等方式最大限度地化解村民之间的矛盾，不影响村民感情，不影响村庄团结。在后续的发展中，这一借助电子信息技术，集纠纷化解、普法宣传、道德评议为一体的一站式、多元化平台将继续探索，法德一体地为村民解决纠纷的同时，提高村民的法律知识、法律观念、法律意识，为全面建成法治社会出一份力，也为乡村治理提供更多可借鉴、可复制的经验，为人民群众带来更多改革发展的成果。

四、军营村自治谱新章：邻长制

"邻长制"是军营村探索实践中的又一大创新体制。军营村共分为 4 大片区，每个片区由一个村干部负责担任片长，4 个片区一共由 12 个邻区组成，所谓邻区的概念就是相邻 15—20 个住户的组合，这些居户组合到一起，称为一个邻区，而邻长则由该邻区里的党员或是责任心强、有威望的人担当。邻长主要负责化解邻里纠纷，促进邻里和谐，推动乡风文明建设，同时也是村民与村委会的连接桥梁，向村民传递村委会的上级政策，向村委汇报邻区的基本情况。

通过邻区的划分，军营村构建了一种"党支部、村干部、党小组、邻长、村民"的五级联动体制，打造了一种以邻为轴、责任到人、监管有力的全新治理模式，在村庄的生活环境、邻里的和谐关系、村民的富裕生活等方面产生了很好的促进作用。

首先是村里的环境，村两委和老人协会曾经针对村里的"满地鸡鸭粪便"现象进行了调整，整合效果不错，军营村的道路慢慢整洁干净了起来，空气也清新灵动了起来。但各家各院的环境卫生还存在着很大的提升空间：进到许多村民的家里，就会看到满地灰尘、垃圾乱扔、扫把锄头等工具乱放，院里的垃圾桶甚至招满了蝇虫，这样不仅给人一种脏、乱、差的视觉体验，还不利于村民自身的身心发展。

于是，军营村便在同安区莲花镇的领导下，以"邻长制"为模式和单位，设立人居环境整治"红黑榜"激励制度。红与黑这两种互为冲突的色彩代表了不同的内涵与意义：红则为表现良好，为表扬鼓励之意；黑则相反，为表现不佳，有待整改之意。而评比内容主要为各户村民的门口卫生状况，对各自的卫生情况进行实时通报，并定期分邻区评比，各邻区邻长更是要以身作则，率先清除门口垃圾、重整物品摆放。当你走进军营村的村部，往左一看，通告栏里的红黑榜上便庄严地显示着"红"与"黑"的卫生状况，对"红榜"上的村户进行大米粮油等物资奖励，这样一整改，促使"黑榜"上的村户，也将其门口环境进行极大程度的提升，观看的游客经常会疑惑："这个黑榜上的村户是哪一点做得不好呢？"红黑榜就是要达到这样一种效果，使得军营村各家各户的环境卫生只有更好，没有最好。

军营村村民高某时常下地劳作，他的农作工具、农副产品等经常堆放在自家门口，因为这样使用起来很方便，但也不可避免地影响了村里的整体环境。邻长高水银看在眼里，急在心里，便前往高某的家里劝慰道："现在我们农村富了，生活条件好了，就要把我们的家打扫得干干净净，种点儿花花草草。"并亲自动手帮助他清理杂物、归置工具。高某深有感触，从此以后他家门前每天都干干净净的，整整齐齐的，多次上了红榜。

在邻长、党员的带动下，村民逐渐从"站着做"转变为"跟着做"，最终形成"主动做"的良好风尚。村民自家的环境卫生好了，村庄的整体环境也好了，来高山乡村度假休闲的游客也越来越多了，村民的生活也就更好了，一举四得。

与"红黑榜"异曲同工的，还有一份《关于军营村房前屋后三包责任落实通知书》。这份通知书，将军营村的每一寸土地划分到不同的区域，每个居民就近负责自己的一块区域。主干道两侧没有设置人行道的，以各个居民住宅的门前延伸到道路边线为界；而主干道两侧有人行道的，则从门前延伸到人行道边线为界；同时有设置花坛栏杆的，则延伸到花坛栏杆为界。按照这个划分要求，每个居民划定自己的负责区域，要求居民切实负责房前屋后的卫生、绿化和秩序。居民应及时清除自己所负责区域内的垃圾、杂物等，并及时劝阻和制止乱扔垃圾、乱倒污水、破坏绿化、损坏设施等不良行为与习惯。

对于在"三包"责任中表现良好的，进行适当的表彰奖励，并记录在案，对于不履行责任的，则给予通报。军营村是每一个军营村民的，靠一个人的力量无法给军营带来翻天覆地的变化，也没有办法实现军营的持续发展，要让村民明确自己的主人翁意识，对自己脚下的土地负责，共同建造"富美军营"。

"邻长制"较大程度上促进了邻里和谐。俗话讲，"远亲不如近邻"，但不论城市还是农村，邻里之间总是不可避免地出现许多问题：在城市里或许是楼上的脚步声太大，或者是楼下做饭时的油烟总是飘到楼上，引起互相的不满；在农村则是，你家建房子的时候越过了我们两家之间的分割线，或者是你家茶园占到了我家的地方。因为这些鸡毛蒜皮的事情，造成邻里之间两代人甚至多代不和的现象屡见不鲜，军营村有许多村民为此发生过口角，有的情况愈演愈烈，就需要村民各自所在邻区的邻长分别出面，带着各自的村民，几个人聚到一起商讨，一开始还是各执一词分毫不让。各自的邻长便进行劝说，耐心劝导，最终使得双方各退一步，海阔天空，这样不仅两家人的关系也和好如初，而且不牵连影响两家人后代的感情。真正做到了"邻里事，邻里了"。

在"邻长制"的影响下，村民之间的那些本就鸡毛蒜皮的小事都迎刃而解，并且各邻长之间积极沟通，积极带领各邻区村民开展包括中秋博饼、露天放映电影等多种活动。在各种活动中，唠家常、聊心事，增进邻里间的互相了解，密切邻里间的来往沟通。这样依托"邻里更近，议事更简，评价更准，公开更明"的原则和机制，村里搭建邻里议事平台，同时依托"高山议理堂"邀请专业法律人士，将矛盾化解在源头。

"邻长制"更是带动激发了村民的创业热情，实现共同富裕。高树足是莲花镇龙头茶叶企业恒利茶叶有限公司的总经理，却也是军营村的 12 个邻长之一。"一花独放不是春，百花齐放春满园。"高树足等人在个人创业致富的同时，勇担邻长职责，时刻心心念念地要为村民谋发展。他们不仅经常走进军营的高山茶园，亲切地和乡邻们分享种茶、制茶、产茶的经验，以让优质茶叶能够顺利走出大山，增加村民收入，而且深入了解村庄状况，当看到许多没人管理的茶园中那些荒废的茶叶成了野茶后，积极探索并最终研发出"白毫野枞"野茶新品种，并且建立"公司＋基地＋农户"的订单农业生产经营模式，与村民签订1.28万亩的订单，收购近5000亩野茶树茶青制作"白毫野枞"野生茶，解决茶农的茶叶滞销难题，为困难村民排忧解难。

野生茶按照邻区收购，但邻里之间要相互监督，确保采摘的是不同质地与口感的野生茶，这项野生茶收购工作的开发开展，单劳务费就为村庄带来200多万元的收入。

总之，各邻长勇于担当邻长责任，发挥先锋模范作用，这对个人来讲，增强了担当意识和培养了个人品质；对军营村来讲，更是奉献了自己的一份力量。这无疑是一种双赢。

五、老人协助，让"小我"与大家共同进步

我国是人口大国，根据第七次全国人口普查显示，近十年来，我国的总人口依然在不断上涨，但增长速度有所放缓，目前已经超过了14亿，老龄化的问题依然严峻，60岁以上的老年人总数超过2.5亿人，占我国总人口的18.7%，所以老年人的问题是非常关键、非常重要的问题。

在中国共产党的伟大领导下，老年人的生活水平不断提高，有了明显改善。从政府到社会到基层，从法律层面到道德层面，都给了老人很大的优待。老人是历史的见证者，是我们如今幸福生活的开创者，是一笔重要的财富。

包括军营村在内的很多农村地区，都面临着年轻人外出务工，老人留守

村庄的现象。年轻人身上的担子非常重：既要负责孩子的教育，同时又要承担父母的养老责任。所以，很多年轻人即便想为村庄谋发展，通常也是心有余而力不足，甚至大多时间都在外挣钱而不在村庄里，所以要推动村庄的发展，老人是不可忽视的力量。同时，村庄在跟随新时代发展的同时，破旧出新是必不可少的一项工作，借鉴历史也是非常重要的手段。老人恰恰是破除旧礼、推陈出新的最大阻力，但他们也是家庭的引路人，他们的观念改变了，一个村庄的观念就变了，通往未来的路途也就顺畅了。同时，他们也是历史的亲历者，从他们的口中、身上，我们能清晰地得知时间在村里流逝的痕迹。除此之外，老人大多退休在家，不需要务工，有许多的闲暇时间。"不积跬步，无以至千里；不积小流，无以成江海。"这些闲暇的时间如果加以利用，将老人的力量一点一滴地汇集到一起，对村庄来讲，将会是一笔无形的、巨大的财富，对一个村庄的发展来讲，老人的星星之火，如果利用好，也可成燎原之势。

褒歌广场百姓舞台的正后方，坐落着军营村非常重要的场所——幸福院，这是军营村老人的主要活动地方。之所以取名"幸福"二字，一来，村里尤其村干部要为村民谋幸福，为老人谋幸福，希望每个老人都能老有所依，有一个幸福的晚年。二来，老人也可以力所能及地为村庄谋幸福、谋发展。军营村是我们这一辈老人的家乡，是我们老人的依靠，是我们老人赖以生存的最初和最终的港湾。军营村的老人是军营村一路发展的见证者和创造者，是大山的儿子，是农民的后代，他们凝聚着军营村的发展力量与智慧，每一个老人都是军营村的主人，也是军营村最忠实的守护者。军营村和老人们相辅相成，即便年岁渐长、身体渐差，老人也依然要有主人翁的意识，为军营村的发展奉献属于自己的一份力量。

俗话说"家有一老，如有一宝"，老人是非常有价值的财富，也是社会和历史的延续和传承，包括在家风家训等多种非物质文化传承中是非常重要的一环。他们身上带着时光的痕迹，带着命运留给他们的沧桑，也带着历史留给他们的智慧。我们中国人的传统是，家里有什么重要的大事，都要先向老人征求意见，由老人决定，这不只是因为我们传统文化里尊老爱幼的价值取向所要求的，更是因为老人身上蕴藏着几十年来留下的人生经验和丰富智慧。父母经常对孩子说："我走过的桥比你走过的路都要多，我吃过的盐比你吃过的饭都要多。"这些话虽然不免有夸张的成分，但确实有一定的道理，父辈和老人身上的智慧财富是不能被忽略的。

但是随着我们现在所处的时代飞速发展、日新月异，新的事物、新的观念、新的发展不断出现和更迭。例如，智能手机频繁地更新换代，新鲜事物的稍纵即逝，这些一波又一波新的浪潮，把老人推到了这个时代的边缘。老人不可避免地成了许多年轻人"嫌弃"的对象，忽视了老人身上岁月留下的无限价值。军营村，过去是一个贫穷落后的小村庄，只有光秃的土地、贫瘠的茶园、米少汤多填不饱肚的稀粥、每天天不亮就得在陡峭的山间小路中奔波直到很晚才能归家的军营村民。如今，这里有了牛心石水库，有了一条条宽阔的柏油路，有了点亮村庄黑夜的电灯，有了络绎不绝的游客，而这每一步都离不开我们那些已经成了"老年人"的村民的付出，他们是历史的见证者，也是村庄的创造者。

"幸福院"就是本着这样的目标所建立的。"幸福院"整栋楼一共分为3层。第一层主要是老人们共度传统节日或者举办特殊活动的室内活动场所。它与位于前方的褒歌广场，前后一体，形成了一个室内外互通共享的功能空间。军营村在这里举办过多次室内活动，如端午包粽子、重阳桌宴、中秋博饼、"村晚"联欢等，在这里大家欢聚在一堂，共同创造，一起享受美好幸福的生活。第二层主要是老人日常活动的场所。平常闲暇时，村里的老人就在这里看报、下棋、泡茶、聊天……另外值得一提的是，为满足日常生活健康的需要，幸福院的第二层专门为老年人配备了血糖监测仪、血压计等医疗设施，为老人提供专业有效的助老服务。第三层则是为军营村的孤寡老人提供休憩康养的地方，为孤独的老人带来温暖和归属感。

从 1997 年开始，军营村着手策划成立老人协会，由村里老人参会，并推选出会长、副会长、组长若干。协会一方面带动老人以自身力量为村庄发展提供支持，包括环境治理、政策推动、乡风建设等多个方面，为军营村的更好明天出一份力。另一方面，协会争取资金、器材等，为老人提供健康普及、文化普及、健身器材等多个方面的服务帮助和设备支持，为开展多方位的老人活动创造条件和场所，旨在为全体老人创造一个更加幸福安康的晚年。

六、幸福晚年，关爱同行

截至目前，军营村 60 岁以上的老年人有 117 人，老年人口占村里总人数的 12.11% 左右，所以军营村十分关切老人的需要和诉求，也十分重视军营村的老人服务工作，由此创立养老服务站，站内设多名助老员。

养老服务站的设立，旨在为老人服务。"关爱老人、热心服务、诚实守信"是养老服务站的工作原则。助老员要积极了解老人的生活情况、心理状况，需要耐心与老人沟通的同时尊重老人的隐私、生活习惯与传统习俗，并熟练掌握运用与老年人相关的服务知识和技能。

助老员要积极有效地为老人服务，做好日常服务工作记录，及时反映、总结在日常工作中出现的问题与状况，并不断改进，为老人提供更好的服务质量。

军营村的长寿老人非常多，90 岁以上的有 5 个左右，80 多岁的也很多。威胁老年人生命健康的最大因素依然是疾病。高血压就是老年人非常易得，同时危害性极大的一种疾病，更严重的是可能会由此引发心、脑血管和肾的病变。如何预防高血压是每个老年人都需要面对的问题。为了帮助村里老人了解在日常生活中什么样的饮食、作息与生活习惯能够降低高血压发生的概率，帮助他们了解与维护自己的身体状况，村里的军营红志愿者于 2020 年 7 月在军营村"幸福院"开展了以"健康血压、健康生活"为主题的高血压知识宣传活动。本次活动中，37 名老人积极踊跃地参加了本次活动，志愿者为老人量血压、宣传健康知识。

除了高血压、心脏病等比较严重的疾病，口腔疾病与健康也是很多老人日常要面对的问题。因为老人们过去生活条件艰苦，医疗条件有限，所以一方面，老人年轻时没有护理口腔卫生、注重牙齿健康的意识；另一方面，当时牙刷、牙膏、漱口水等物品在许多贫穷的地方还没有普及。即使当时的人们想要好好护理口腔卫生，能护理的程度也十分有限。于是，很多人在年轻时的一些不良的生活习惯导致了年老时牙齿的健康问题。老人的牙齿功能本来随着年龄的增长就日益退化，再伴随着牙周炎等问题，在日常生活中就会影响老人的咀嚼能力等。因此，对老人普及口腔护理的常识，加强他们保护牙齿的意识是非常必要的。助老员就为老人们开展了这样一次活动。

在当时，一位高姓老人因为在家里忙农活，所以活动开始一段时间后才赶来。助老员便又单独给老人介绍了关于口腔护理方面的知识。该老人因为有常年吸烟的习惯，他的牙齿又黄又黑。老人说他经常有牙疼的毛病，助老员便建议老人少吸烟，这不仅不利于身体健康，也不利于口腔健康。老人把嘱托放在了心上，在以后的生活中也注意减少抽烟的频率。在本次活动中，参会的老人坐在一起讨论各自的牙齿问题：有的老人牙齿已经全部脱落，用的假牙；有的老人重新修补的牙齿；有的老人一颗牙齿坏掉了一半，吃饭时经常遇到饭粒塞进牙缝里的状况。大家一起感叹以前对口腔健康与护理相关知识的无知，不懂得保护牙齿，现在大家在早晚刷牙、饭后漱口等习惯上也达成了一致，约定共同爱护自己的口腔健康，减少以后生活中牙齿问题带来的困扰。

军营村村委通过向市委宣传部、厦门市文联等企事业单位积极争取资金、器材、服装等支持，为老年人举办和组建了各种包括健身操、腰鼓、广场舞、老人民乐队、褒歌等文娱活动。除此之外，还为老人举办了各种文化宣传和普及活动，以丰富老年人的文化生活和培养文化情操。

"以铜为镜，可以正衣冠；以古为镜，可以知兴替；以人为镜，可以明得失。"出自《旧唐书·魏征传》，是唐太宗李世民悼念魏征时所说之语，也是我们今天要铭记的深刻道理。军营村里的许多老人都是从苦难中走出来的，他们大多生于战乱时期、长于动荡年代，由此越发感慨今天的幸福生活来之不易。但因为当时社会发展水平有限，即便大多老人是历史的经历者和见证者，但没有系统地学习过科学文化知识，不能对历史形成更深刻的认知。在这样的背景下，厦门智宇信息技术有限公司于 2020 年 7 月 15 日在军营村居家养老服务站举办以"鉴过往、惜今日"为主题的文化类活动，以纪念中国人民抗日战争胜利 75 周年，共有 38 位老人参与此次活动。此次活动结束后，老人们纷纷感慨今天的幸福生活来之不易，感谢中国共产党的领导，也表示要珍惜党为我们创造和提供的一切，要向党的精神学习，力所能及地为国家、为军营村做自己的一份贡献。

军营村的老人在老人协会的带领下发挥余热、余力。他们在移风易俗、政策推行、垃圾治理等方面的工作成绩突出。

民俗风俗是一个地方重要的非物质文明，是每一个地域的特色所在。但有些风俗带着封建迷信的色彩，与现代社会的发展并不相符，并由此造成了一种铺张浪费的现象。如何改变乃至优化这些不合理的风俗，一直是困扰在我们老人协会工作人员心头的一件大事，从 2011 年起，老人协会便着手解决此事。

2011 年 1 月 20 日，老人协会召开会议，针对村里的一些奢靡的习俗而产生的铺张浪费的现象进行讨论，并论述整改方法和措施，对移风易俗的探讨形成了一个基本框架。

会议指出，关于军营村的结婚喜宴，应该改掉给每个参宴人员发放一包香烟的规定，将每个桌面上该放置的 6 包香烟改为每桌 2 包，将本该持续的 3 天宴席改为 1 天，并将之前的给来贺者赠送糖果、饼干等物品的行为改为给每个来贺者 1 包糖果和 20 元人民币；在女儿出嫁时，也不再向添妆者赠送礼物；在婴儿满月、四月、周岁礼也不再赠送礼物。

这些整改方案及措施的实行，节约资金、节省劳力，使得更多资金和劳力能投入社会主义现代化建设中，为社会主义农村建设做出应有的贡献。所以在会上，参会老人全票通过，并在抓紧落实、健康发展上达成一致。

2015 年，老人协会就"闹热"习俗进行讨论，明确指出其中的浪费现象并探讨整改意见。比如，按照 12 年一次"大闹热"的习俗，家家户户需要杀一头猪，宴请所有的亲戚朋友，有些亲戚多的村户还专门请师傅来准备酒席，像婚宴办酒席一样热闹，并买回很多东西祭祀拜礼，为前来的亲戚朋友准备回礼和伴手礼。这一趟流程下来，少说要花好几万，而随着亲戚人数的上涨，要花费的财力人力只多不少。

2019 年，政府下发殡葬改革文件，助老员及老人代表认真阅读关于殡葬改革工作的相关文件及资料。老人代表们一致认为，如何向村民们讲解、宣传以及进行协商，涉及诸多问题也要解决诸多问题。这是一项艰难的思想改革，关于殡葬根深蒂固的思想观念早已注入每一个村民的骨血里，要改变绝非一朝一夕的事情。宣读完后，老人协会成员各自发表意见和建议，一致认同不搞封建迷信活动、不乱搭灵堂灵棚、不吹吹打打、不污染环境、不堵塞交通、不在出殡沿线燃放爆竹撒纸钱花圈，不影响其他人的正常生活。在达成一致的基础上，老人骨干们自觉接下了挨家挨户劝说村民的重任。

七、沟通者与监督员，重在政策推行

褒歌广场后的幸福院是老人们的主要活动中心，而这个坐落在老人主要活动场所前方的褒歌广场，也有老人协会出的一份力量。

进入军营村，可以看到除了房屋、广场外，还有许多不连续的土地，分属于不同的村户，土地上种着新鲜的各种蔬菜，而褒歌广场的前身也是一片土地。2013 年，军营村打算在村里建设一个中心广场，以进一步推进文明乡村的建设。但建造广场就需要征地，而那块地涉及 10 户人家。党员要带头做贡献，"吃苦在前，享受在后"的想法指引着我。于是我和老人协会的几个骨干都主动地让出了自己的土地，但问题是怎样说服其他村民让出土地。

我和老人协会就主动承担起了与村民沟通的职责。首先，利用广播向村民宣传共同缔造美丽乡村的理念；其次，挨家挨户地进行劝说。村民们大多因为这块土地的便利而不舍得让出，不然就要跋涉许久到安溪县、长泰县的边界才能重新得到一份农田。但大局在前，我们便更深入向村民普及共建家乡的理念，也切实地为村民解决遇到的困难，最终成功说服村民同意让出自己的土地。

后来，军营村进行"平改坡""裸房整治"的建设工作。在政策推行过程中，不可避免地遇到许多卡壳状况，老人协会便再次挂帅出征，积极和村民与施工队沟通，以让改进项目顺利有效地进行。

军营村的农村改革如火如荼地进行，许多项目齐头并进，来往的工程队、工作人员使人眼花缭乱，我们不得不担心施工的质量。一番商讨之后，我们决定以老人协会成员做后备军，我和其他老党员们充当先锋，当时老党员们中年龄最大的已经90岁了，我们来往场地，监督工程质量，发现偷工减料、溜奸耍滑的状况便立刻上报村两委。事实证明，我们老人不能妄自菲薄，认为自己一把老骨头没有用，要坚定地为自己的家园建设出力。

作为老人协会的会长，作为有50多年党龄的党员，作为军营村的一分子，我要求自己：时刻在村里，时刻准备为村两委补位，时刻散发正能量。

2008年，军营村如火如荼地展开了乡村改造工作，村里400多个旱厕被填埋，坑洼不平的泥土路变成了平坦开阔的水泥路，通到了每一个村民的家门口。政府已经给军营村提供了足够多的政策支持，创造了更多的条件，逐步把这片土地变成一方美丽的、富裕的生态宜居之地，但如果军营村不重视政府的支持、不能抓住机会，那一切就如梦幻泡影般稍纵即逝。我便想到了村里的老人们，发挥老人协会的力量，珍惜政府给我们打造的美好家园。

年轻人都外出闯荡了，不能为村庄的整洁出力，只有留在村里的老人有时间、有条件来做这件事。老人们可以借此机会运动伸展、锻炼身体，这对老人的自我的身体素质也是一种提升。因为老人生活习惯的原因，通常没有卫生意识，老人自己来保洁卫生就能很好地提升他们卫生和环境保护意识，改变自身乱丢烟头、果皮等垃圾的不良习惯。还有很重要的一个原因就是，中国人尊老爱幼的优良传统，使村里人一看老人那么大年纪还在打扫卫生，会不自觉地产生羞愧感，尊重老人的劳动成果，不乱丢垃圾。

就这样，2008年开始，老人协会被分为4个组分管四个片区，自觉地担起了维护军营村环境卫生的重担。一个组有一个组长，由组长带头，负责一个片区的街道卫生，4个组每周轮换一次。这周负责一片区，下周就负责二片区，再下周到三片区，以此类推。就这样，村里有了专门的保洁员——老人们，飞扬的灰尘、掉落的树叶被打扫起来，扔垃圾、随地吐痰的不良习惯被慢慢改了过来，军营村的环境卫生得到了根本性的改善，实现了可持续的发展，并且连续7年在厦门市洁净家园评比中获得第一名，且取得厦门市卫生免检单位的殊荣。

2017年6月，军营村被列为同安区垃圾分类试点村，这个消息一传来，老人协会的老人们议论纷纷。有的老人兴高采烈，因为村里的垃圾桶里经常堆满了各种垃圾，干湿不分，天气凉起来的时候还好，一旦气温升高，垃圾桶便污水横流、蚊蝇乱飞、臭气熏天。垃圾分类，即不同的垃圾得到分类，进行不同的转运和处理，这将会从根本上解决这一问题。可有的老人则垂头丧气，老人们生活在动荡和贫困的年代里，没有接受过较多的文化知识和教育，一旦实行垃圾分类，不识字的老人们就要辛苦学习不同的垃圾分类与处理标准，这对年轻人来讲都是一件不太容易的事，更不要说老人们了。但为了军营村的长足发展，老人们在会上达成一致，配合村委，积极推动垃圾分类工作的实行。

会后第二天，老人协会便将垃圾分类宣传手册、镇里统一购买的垃圾袋、垃圾桶还有《致村民的一封信》交到了协会老人的手里。老人协会的老人们开始挨家挨户地宣传垃圾分类知识，文化程度有限的老人也开始向年轻人普及垃圾分类的知识与注意事项。老人们的知识有限，讲起来不太顺畅，村里的人见到老人们尚且如此努力地学习垃圾分类，也没有村民再好意思不学了。垃圾分类的试点就这样进一步改善了军营村的环境卫生。

第三节　军营村"治理有效"的根本保证

军营村"治理有效"的根本保证在于党建引领、三治融合，以及转变观念。

一、党建引领乡村治理

党建引领军营村的治理，主要体现在以下三个方面。

一是支部发挥带头作用。我们历任村支书总是身先士卒，带领村里党员干部在边远山村脱贫攻坚战线上奋战，引导军营村的村民打破思想樊篱，挣脱大山的束缚，完成"一革命四行动"（厕所革命、农村垃圾治理行动、农村污水治理行动、农房整治行动和村容村貌提升行动），建设各具特色的农家乐、民宿，成立农民专业合作社，开办"农村淘宝"，"推介一村一品"，开发"七彩池"等特色旅游景点，将边远落后的山村打造成厦门市绿水青山、生机勃勃的乡村典范村。

二是党校发挥带动作用。军营村充分利用"高山党校"的培训资源，分批安排党员、群众跟班学习党的富民强村政策，使村民建设美丽乡村的意识不断加强，乡村治理的氛围不断浓厚。据不完全统计，自 2016 年以来共接待学员班 330 个，培训学员 2.6 万名，带动 50 多万游客进村旅游，村民收入明显增加。2019 年人均收入达 3.255 万元，村民参与创业发展和乡村治理的劲头更足了。

三是党员发挥宣传作用。为塑造风清气正的文明乡风，村干部、老党员自愿组成宣讲队，将课堂搬到农家或田间地头，向村民宣讲移风易俗的政策；通过"村村响""村务通"、微信群等平台，把新思想、新风尚适时地传入寻常百姓家。村里成立莲花褒歌演唱团，举办军营村特色的"村晚"，开展"扫黑除恶、敬老爱老"为主题的褒歌节。近年来，村内移风易俗的政策落到实处，尊老爱幼意识进一步增强。

二、"三治"融合，夯实治理基础

军营村的"三治"，指的是自治、德治和法治。

一是通过凝聚乡贤，提升自治水平。军营村利用老党员、老干部、老模范、老军人等党性强、经验足、威信高等优势，让 21 名"四老"人员以老带新，推动治理。创新"老带青、青助老"机制，吸纳 96 名青年党员、青年干部、青年农民、青年企业家参与乡村治理，为乡村建设出主意、想办法，推动了诸如村庄发展规划等工作深入开展。同时选出有威望的老人加入老人协会，向村民宣传各级党委关于乡村振兴整体规划、乡村旅游发展思路等的政策，并且征求村民对乡村治理的意见和建议，达成广泛共识。按村内主要宗族推举有威望的村民理事建立军营村村民理事会，共同监督和配合促进乡村振兴和乡村治理等工作的顺利开展。

二是通过制定严明规矩，抓好德治建设。军营村高度重视乡村德治建设。建立党员干部讲政德、守公德规则。锤炼坚强党性，使广大党员做到在大是大非面前旗帜鲜明，在各种诱惑面前立场坚定，为村民服务的宗旨意识更加牢固。营造村规民约和家风家训学习的浓厚氛围。村党支部将传承百年的《高氏家训》与核心价值观及法律法规相融合，制定了村规民约，在村内广为宣传，做到户户签字、人人知晓、自觉遵守的德治建设（见图 7-1）。

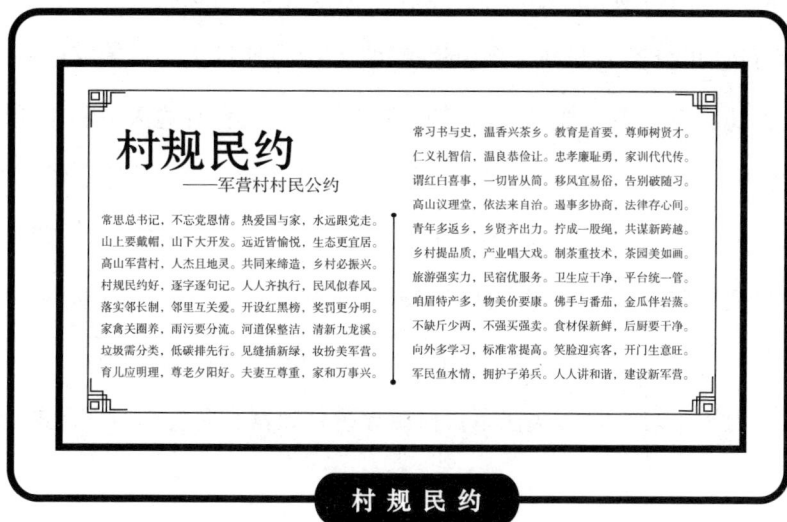

图 7-1　军营村宣传栏上的村规民约

三是通过创新机制，提高法治能力。军营村山高路远，导致村民之间的纠纷调解出行不便，同安区法院立足实际，联合莲花镇和军营村，充分运用信息技术手段，在军营村创新建立"高山议理堂"基层矛盾调处中心，在议理堂设立远程在线解纷平台，实现法院调解室、司法所和议理堂同步在线调解、证据上传、签订协议、司法确认一系列的完整流程。实现将"纠纷调解在基层，矛盾化解在源头"，使"枫桥经验"在高山落地生根。

三、转变观念，注重乡风培育

军营村乡风观念的转变和培养主要体现在以下三个方面。

一是树立身边文明榜样。军营村注重开展"身边人讲身边事"活动，通过口口相传、微信群等方式宣传村内德高望重的乡贤事迹、助人为乐的感人善举，助推"润物细无声"的乡风熏陶。组织党员干部带头"讲文明、树新风"，实行垃圾分类，开办"高山道德讲堂"，定期推出"最美家庭""好婆媳"的评比活动，各行业带头人，坚持以身边事教育身边人，利用微信群、公开栏向村民宣传典型事迹，引导村民革除陈规陋习，遵循公序良俗。

二是传承红色文化。军营村挖掘红色底蕴，引导村民将闲置古厝流转给厦旅中星文化旅游有限公司，打造成军营红精品民宿6家；搭建军营红休闲农民专业合作社与厦旅集团成立高山红教育基地，共培养红色导游10人，为游客讲述习近平总书记两次在军营村指导脱贫致富和防空哨所背后的历史等红色故事。

三是开展爱心培育。立足"爱心厦门"深入开展"三帮三扶"活动，即帮就业、帮就医、帮就学，扶老、扶残、扶困，共吸引200多名志愿者主动参与，精准帮扶困难党员群众11户26人，为困难户捐款5.3万元，捐物2000余件，帮助5名低保户和残疾人实现了就业。在全村人员的共同努力下，乡村治理有了质的改变，山清水秀农民富，山村旧貌换新颜。

第八章　乡风文明：民风净化，智慧引领

　　高山军营，茶绿映眼，文明乡风拂面，美丽乡村入画。近年来，军营村乡风文明建设坚持以培育和践行社会主义核心价值观为根本，深化乡村文明建设，努力建设乡风文明和谐的美丽乡村。一个个乡风文明之珠，犹如在美丽的画卷中镶嵌在高山绿树之间，为现代化新农村增光添彩，也智慧地引领着高山村走向更好的未来。

　　在村庄工作这么多年，在乡风文明建设方面，我最大的体会是，乡风文明建设的核心是以德育人，即通过道德教育和文化熏陶，提高村民的道德水平和文化素养。近年来，我们在莲花褒歌、家风传承、民风涵养、学风精进、乡风接力、红色基因传承等乡风文明建设方面颇有心得。我们要求村两委党员干部在乡风文明建设中要发挥至关重要的作用，不仅要自己做好表率，还要带领全村村民共同进步；我们积极开展多种形式的思想道德教育活动，大力推广传统美德；定期组织道德讲座等活动，开展好家风评比活动，鼓励村民传承家风家训，树立良好家风家训，积极倡导移风易俗，改变传统陋习；我们深化精神文明创建活动，不仅注重村民物质层面的改善，还注重精神层面的丰富，积极开展莲花褒歌、歌舞比赛、戏曲欣赏等各种形式的群众性文

化活动，丰富村民的业余生活，积极推广军营地瓜等农特产品，支持文艺创作等文化创意，促进本土文化的传承和发展。

第一节　乡风文明的军营印记

乡风文明既是实施乡村振兴的重要保障，也是全面实现小康社会的基本前提。推进乡村振兴战略不仅要为发展社会经济"添砖"，更要为建设乡风文明"加瓦"，乡风文明建设对于促进科技文明进步和农村社会全面发展至关重要。

改革开放 40 多年来，随着经济社会的发展，我国农村居民生活水平不断提高，不少农民过上了既"有钱"又"有闲"的生活。然而，城乡乡风文明建设并不同步。2005 年，中国共产党党中央第一次把"乡风文明"作为社会主义新农村建设的基本任务写入中央文件。2017 年，党的十九大报告提出"产业兴旺、生态宜居、乡风文明、治理有效、生活富裕"战略决策，并作出了总体要求。从此，"乡风文明"不仅仅是社会主义新农村建设的重要环节，更是新时代我国实施乡村振兴战略的灵魂所在。

军营村由于其特殊的地理位置，其在中国过往的历史上，经常起着侦察岗哨的战略作用，在多次战争中都发挥着极大作用。早在清朝，英国就是依靠船坚炮利轰开了国门，使得厦门作为中国专属的通商口岸被迫改建为开放的通商口岸。这片古老的土地，经受着新型政治形态和经济制度的冲击，使其在有所发展的同时，更破坏了原本的生活规律，使民众原本就并不富裕的生活变得更加艰苦。此外，伴随着国外人口的大量流入，瘟疫也开始在沿海地区蔓延。霍乱、鼠疫等疾病的传播，也使当地的民生发展雪上加霜，政治上的压迫、经济上的侵略、疾病的侵袭，都使得这个村庄逃不开水深火热的悲痛命运。

直至新中国成立，中国经济进入平缓的发展期，军营村也在时代变迁的背景之下，逐渐脱离了军事要塞的地位，顺应经济发展的新潮流。但由于地形不便，资源匮乏，军营村在经济发展的道路上举步维艰，甚至沦为厦门最贫困的村落，难以寻找出路。

在习近平总书记两次考察调研军营村之后，军营村才开始走上了摆脱贫困的发展之路。尤其自"五位一体"的建设项目实施以来，军营村始终坚持以"美丽乡村"的建设项目为主要载体，大力建设基础设施，积极改善村内人居环境和自然生态环境，种种举措的实施，使得村里面貌焕然一新。

在大力推进经济建设的基础上，军营村的地方特色文化产业也迈上了向现代化转移的道路。其中最著名的就是莲花褒歌。褒歌，又可以叫作当地的茶歌，它是一种由少数民族闽南方言传统文化演唱而来的一种民间小调，由当地的采茶山歌、盘诗、田园歌、行船歌等民谣曲目演变而来，其中的内容大多表达了男女之间思慕的情感，而在其表演的形式上，则主要采取了两人互相对答的一种演唱形式，因此褒歌也被称作"相褒歌"，是当地极富特色的一种文艺形式。军营村是荷花歌谣等文化遗产的聚居地，百年的咏莲史在这里流传。勤劳朴实的村民在闲暇时或传统节日里，常唱莲花褒歌。经过多年的发展，莲花褒歌无论是在内容上还是在形式上都变得比以前更加丰富。人们演奏时把唱歌和跳舞结合起来，配合上各种乐器的演奏，共同歌唱男女之间的传统爱情，或赞美时代、国家和村庄的成就，或赞美村民美好生活。

在军营村内有一座褒歌广场，村民会在这里举办文艺晚会。参与当地建设的设计人员，在详细了解了当地的茶叶文化与褒歌传统后，共同在广场上手工绘制了一面独具军营村韵味的褒歌广场景观墙，墙上的内容是设计与彩绘人员根据军营村独特的文化为素材，将村民们日常采茶所使用的簸箕进行翻修、补漆等工作后，在簸箕上进行手工绘画。在最中央的一个大型簸箕上，写着对军营褒歌的详细介绍：莲花褒歌是一种广泛流传于厦门市北部的山区以及与其毗邻的安溪、长泰地区的一种传统民歌表演形式。褒歌最早起源于16世纪中叶，由当地的劳动人民在其从事农业和工商的过程中进行了即兴创造性的表演，艺术风格是一种富有浓郁的农村乡土风情。其中歌词内容涉及山区人民生活生产、情感精神的方方面面。歌词一般四句押韵，一首四句，演出方式多以男女互相问答对唱的方式进行，体现了人与自然的和谐美。

整面景墙就以这些色彩鲜艳、风格各异的图画展示着莲花褒歌的独特风采，使来到军营村的参观者们可以更加直观地观察军营村村民劳动和生活的场景，体验其中所蕴含的独特风采。

优秀的文化，更需要加以保护与传承。2007年8月28日，莲花褒歌正式被福建省第二批省级非物质文化遗产名录收录，从此纳入非遗名单。这意味着高山生活气息的莲花褒歌，也能作为文化繁荣的象征，获得了走出大山、面向世界的可能。2019年7月22日，莲花民族褒歌乐团首次公开登上了首届中国原生汉族民歌节的国家级民歌舞台，这也是中国莲花民族褒歌乐团首次在国家级的民歌舞台上公开进行表演，莲花褒歌作为村民精神生活的重要组成部分，政府也专门拨出经费帮助褒歌进行排练性演出，对褒歌文化进行保护性地传承与发扬。此外，军营村还专门出版了一些经典的褒奖歌曲，让更多的人可以通过网络了解褒奖歌曲的魅力；还出版了有关褒奖歌曲故事和历史的书籍，让更多的读者有机会了解褒奖歌曲所有的独特文化。在军营村旅游纪念品店，出售着很多印有褒奖歌词的特色产品，我们还专门设立了一个褒歌厅作为主要旅游景点供游客参观，使游客可以通过欣赏褒歌短剧的形式，欣赏褒歌的美，与褒歌近距离、全方位地接触。

如今，褒歌不仅仅是村民在农业活动之外的娱乐项目，更是军营村走出去的特色文化产业。

第二节　军营村家风、民风、学风和乡风

家风、民风、学风和乡风在当地被称为"四风"，可谓"四风"之名远扬。下面，我就为大家来讲一讲这"四风"吧！

一、军营村的家风重在传承

家风，指的就是一个伟大家族或者一个家庭自古以来流行并传承的一种家族习俗风尚、生活方式、工作作风，甚至可以说指的是一个家庭的一种风气，是家中留给后辈子女及其子孙后辈的一种核心思想价值观和一种行为规范。家风文化是家族代代相传、长久流淌并且被人们保存下来的一种可以体现和突出家族每个成员的整体精神风貌、道德生活品位、审美生活格调以及家族整体文化气质的一种优秀家族传统文化表现形式。简明的话语是家族智慧的积淀以及体现出的时代精神。军营村虽身处大山，却也有着世代家风传承，而随着新时代的发展，这一世代留存的精神准则，仍处于继续发展的道路中。

居住在军营村的居民中最主要的氏族有高氏、洪氏和苏氏。苏氏家族作为一个在我们中国古代有着历史优秀、文化深厚的家族，也是一个有着独具

特色的、浓缩着深厚历史底蕴的家风家训，苏氏的家风家训言简而意丰，对苏氏的后代子孙们在生活的各个方面做出了详尽要求。家族内部有"凡我子孙，父慈子孝，兄友弟恭，夫正妇顺"等家庭和睦的提议。至于在所需要从事的农业生产以及经营等职业上，则更加讲究"士农工商，各自遵循一业，和善公正，处事必公。事君必忠，为官必廉"；在中国传统特色社会主义生活体系中的思想礼仪道德制度修养层面上，苏氏家训则特别强调"内外有别，老小有序，礼义廉耻，为人豪杰乡里必和，睦人必善，非好而不交"；在其思想道德修养上，对其提出的社会法治性和精神修养要求，被认为具有符合一定的社会主义现代性和社会法治性的精神的体现，如"非义不可索取，不近声色，不要沉溺于徇名贷利，尊老敬贤救死扶伤，信欺勿信而为，盗偷必忌，违者责之"这些言简意赅的家风家训，都蕴含着苏氏家族的先祖们对于子孙后代成人成才的殷切期望，也体现了融入苏氏祖孙血脉中的骄傲。可以说，苏氏的家风家训古朴而厚重，体现了历史理念与人性的融合，这些家风家训为苏氏后代的人才辈出提供了强有力的精神基础，也是推动军营村全面发展的不竭动力来源之一。

除了苏氏之外，高氏也是军营村非常重要的一个氏族，与苏氏家族相同，高氏家族对于子孙后代的家风教育也十分重视，在军营村中，我们可以看到许多有关高氏家训的文字："尊长上，孝双亲。老爱幼，教子孙处事和，待人敏。为学勤，为师尊。"由此可以看出，高氏家训蕴含的内容十分广泛和全面，对子孙为人处世的方方面面都有所涉及，也都有具体而详尽的要求。在高氏优良家风的熏陶之下，高氏家族在此繁衍生息而且人才辈出，家风家训是着有十分重要的指引作用的。

二、军营村的民风重在涵养

如果说自然地理环境是一个地方居民赖以生存发展的物质基础，那么精神文化环境就是一个地方长久发展的重要内在动力。军营村的自然地理位置相对闭塞，但文化历史悠久，且得以相对稳定地传承了下来，这样独特的风貌使军营村具有别具一格的文化底蕴。

作为一个坐落在闽南地区的村庄，军营村内部所留存的风俗习惯也自然而然地深受闽南文化的影响。而这些流传下来的民俗风尚，大多与军营村民风的形成息息相关。在军营村中，主要有两种风俗最为出名，一种是前面介绍过的莲花褒歌；另一种是祭祀。这里我们重点说一下祭祀。

闽南信仰文化在复杂的地理因素的作用下，历经几千年的发展。闽南祭祀仪式具有多样性、地域性、民族性、实用性等文化特征，对闽南文化的形成和发展产生重要意义。军营村地处闽南腹地，深受闽南宗教祭祀文化的影响，形成了具有共性又极具个性的祭祀文化。

儒家文化重视以家庭血缘关系为基础的人际关系，提倡以孝道为基础的道德。受儒家思想影响，闽南保留了根深蒂固的认祖、还祖思想，崇尚家族血缘和地缘关系，重视农村祠堂的家族祭祀。由于几千年来思想文化的影响和代代相传，祭祀文化已经深深扎根于闽南人民的生产生活之中。

闽南祭祀形式多样，有家祭、祠堂祭、墓祭、庙祭、普度祭等。

（一）家祭

一般来说，在传统节日，通过家庭祭祀的形式祭祀神灵和祖先，家庭成员有时会聚集在一起，近亲祭祀活动需要一些仪式，如烧香、烧纸钱、献祭、下跪等，祈求神灵和祖先保佑家人平安，万事顺利。

（二）祠堂祭祀

祠堂祭祀比家祭更重要，分为春节后的春祭和冬至的秋祭。族长负责安排具体事务，召集整个宗族。祭祀结束后，女眷们把贡品取下来分发给百姓。通过这样的仪式，他们祈求家庭兴旺，人民安居乐业。以宗教文化发展为基础的祭祀仪式、传统活动和民间建筑，在弘扬和展示闽南风土人情的同时，蕴含着闽南独特的文化习俗和民族特色。

祭祖表现了人们对于逝者的悼念以及对生命死亡的尊重，这也体现了对儒家传统思想文化的继承。在军营村中，还设置有龙圣宫，用作专门祭祀（见图8-1）。

图8-1 军营村的龙圣宫

（三）普度

普度仪式在历史悠久的闽南地区尤为盛行，是闽南祭祀活动的重要组成部分。农历六月二十九日至八月二日，军营村将依次举行"过普度"和在家"吃普度"仪式。一般分为"公普"和"私普"两种，"公普"是中原的节日。每个村庄都会以寺庙为中心举行仪式，日期因地而异，大多在月中。"私普"是以家庭为基础的祭祀仪式。大多数村庄的祭祀仪式的日期从农历七月初开始到七月三十日结束，不过地方之间的日期也不尽相同，有的持续一个月，有些县持续几个月。不过在军营村，普度仪式以"普私"为主。

普度月从农历七月初一日"起灯脚"开始，到农历八月初一日"倒灯脚"结束。"起灯脚"和"倒灯脚"的祭祀方式比较简单，把八仙桌放在门口，只需准备几道菜，再绑上"桌群"献祭。为了给"普度爷"照亮道路，人们在"起灯脚"的时候会把"普度灯"挂在家门口，在"倒灯脚"的时候再把灯烧了。

农历七月，家家户户都要准备丰盛的菜肴、小吃、脸盆、毛巾、茶叶、"金纸""银纸"来祭祖。"普度月"最重要的部分就是农历初十日的"普度日"，这一天的仪式和习俗也最为复杂和丰富，需要准备的东西包括鲜花、16碗食物、几种油炸食品、5种水果和一对"三牲"（猪、鸡、鱼是小三牲，牛、羊、猪是大三牲，二者分别意味着不同等级）或"五牲"（猪、鸡、鱼加蟹肉、心肺），祭祀越大仪式越隆重。然而，大多数人在普度节只使用猪、鸡、鱼"三牲"祭祀。

普度经过"起灯脚""倒灯脚"和"普度日"这3个重要环节，基本上就是普度的完整流程，闽南盛大的普度节也就告一段落。

普度是闽南传统节日，是闽南祭祀文化的重要组成部分，是闽南地区的一种民族文化现象。它是联系社会关系、加深友谊的桥梁，拉近了亲朋好友之间的距离，为人们创造了聚在一起交流的机会。

每年"普度"节之时，也是军营村极其热闹的时候。家家户户摆出堆满贡品的贡桌，村子里在"普度日"那天召集全村村民聚集在一起吃"普度宴"，按照习俗，每桌有8、10、12个人，准备十二道菜。主人通常不与客人坐在一起，而是围着桌子走来走去，与每一桌的客人聊天，劝说他们吃喝。宴会结束后，主人会把事先准备好的方便油炸食品送到客人手中，让他们带回家给不能来参加宴会的老人和孩子，这在一定程度上也体现了尊老爱幼的美德。

传统的普度仪式通常持续近一个月，在这段时间，古老的风土人情和迷人的礼仪，淋漓尽致地展现在远道而来的游客面前。我们村这一独特的仪式正吸引着越来越多的游客。"普度节"来临之际，大批游客将前来体验闽南传统祭祀节日的氛围。或者刚到军营村来参观的游客，正好碰上了"普度节"，就会带着好奇来到这个古老而神秘的迷人世界。

作为特色祭祀文化符号的代表，"普度节"已成为发展文化旅游、促进乡村振兴的标志，成为吸引游客入住的动力。军营村将祭祀习俗的文化元素纳入乡村旅游发展的主通道，使旅游深入展示民族文化，以文化魅力吸引游客，提升旅游价值，创新旅游内容，赢得旅游市场。弘扬以"普度"为代表的闽南祭祀文化，是为乡村旅游注入文化活力的重要举措，是军营村旅游模式转型升级的动力输出。

（四）"送王船"

"送王船"每4年仅举办一次。它以其庞大的规模和独特的仪式而脱颖而出，已成为闽南地区一项重要的祭祀活动。

相传明朝中后期，闽南地区灾害频繁，瘟疫蔓延。为了躲避灾难，祈求生活平安富足，人们安居乐业，闽南建有小祠堂祭祀帝王。每个族群都有自己的姓氏，如张太子、李太子和蔡太子。在过去，人们崇拜的王子虽多，但灾祸连年，牺牲了王子们似乎依然无法保护一方的安全，瘟疫还在继续，成千上万的村庄和家庭陷入了萧条。这引起了人们的恐慌和焦虑，因此烧王船送瘟神的习俗就形成了。

在"送王船"时，首先要在信众的支持下，由身强体壮的年轻人把准备好的王船抬到水上，等待吉时举行"化王船为吉祥"的仪式，即烧掉王船。主持"送王船"的老前辈在人民的欢呼声中点燃王船，与此同时，鞭炮声从四面八方响起。

在烧王船的过程中，人们会一起为烧王船祈福、念经。精美的王船瞬间化为灰烬，直至王船桅杆倒下，象征着王船已驶向天河。这艘王船留下的灰烬，意味着人们消除灾难和祈祷安全。

"送王船"祭祀仪式在闽南祭祀文化中占有重要地位，它寄托人们对美好生活、和平健康的期盼，体现闽南独特的地域思想，今天它已经成了闽南文化与海外华人华侨交流的一种有利方式。它也是侨胞乡愁的寄托，可以增强侨胞的凝聚力，增强文化自信。

一般在"送王船"那天，我们村的村民们会到镇上或城里参加各地举行的"送王船"隆重仪式，有时也会在村里举行小规模的"送王船"仪式。全村人齐聚一堂"烧王船"，祈求村子来年平安顺利，村民家庭健康富足。

一般来说，"送王船"的同时，还将举办焰火表演，供村民观赏。"送王船"不仅是一种祭祀活动，也是村民彼此交流感情、休闲娱乐的机会，更有利于增强村民之间的向心力和凝聚力，增强村民对军营村的归属感和认同感。

除了这些特殊的风俗习惯依旧在民风的培育中发挥着积极作用，现代发展中的军营村同样注重新时代关于村中风气的培养，并不断尝试将其与旅游业的发展结合起来进行更高程度的宣传，从而进一步推广其民风的积极效应。在军营村的宣传栏中，就展示有军营村的村规民约："爱护环境，共同参与。垃圾分类，传递文明。尊重妇女，敬老为善。孝敬父母，家庭和睦。"这一字一句中，无不体现着军营村村民对新时代生活、对家庭的热爱和追求和对当地优秀传统文化的传承与坚持，真实地表现出了军营村中民风淳朴、和善的一面。

三、军营村的学风重在精进

在大力推进经济发展，政治治理的同时，军营村对于文化建设中的重要一环——教育建设，更是不遗余力地全力投入，为这个小村庄的成长图，画上了浓墨重彩的一笔。2019 年 9 月，"高山上的阅读"第一节课在白交祠教学点举行，村里通过寓教于乐的方式让孩子们养成"爱读书、读好书、善读书"的阅读习惯。

村里深刻地认识到，随着当今时代的经济发展与社会的快速进步，要想始终保持村落建设发展的活力，就要在传统文化领域层面，在传承老一辈人民革命文化教育基础上，发展中国特色社会主义先进文化，为更好地搭建中华民族精神建设文化基础。红色文化教育始终都是在广大群众中建设和构筑中国民族精神的一条新路线，尤其在国务院教育部等部门《关于推进中小学生研学旅行的意见》的出台后，红色文化也已经被纳入我国中小学的教育教学规划之中。红色传统文化本身既具备了极为丰厚的中华民族革命史和深厚的文化底蕴，又能以这种新型的教育方式和形态出现在当代中等院校的教育与课程上，因此尤其适合于中小学生的学习与研究。在新时代立德树人的教育理念和宗旨的指导下，军营村的新课程教育体制将中小学生的课程研究与红色科学研究活动有机结合，使中小学生们都能够充分利用这些机会在对红色文化科学研究的探索与学习实践活动中认识到红色文化的背景及其价值观和意义，从而促使它们能够可以充分发挥对红色文化的宣传与教育功能，进一步培养中小学生高尚的精神风范，培养他们的民族爱国主义思想和民族情怀。

当前，在推进我国经济建设基础上，对于文化资源的综合开发和利用已经成为新时代我国政治和经济发展的一个新增长点。通过文创产业可以创造更多的社会效益，是发展红色文化的核心和生命力。产业化、市场化也是推动红色旅游产业蓬勃发展的一个必然趋势。而在红色传统文化的建设中，创新工作就是推进红色传统文化事业发展的一个重要助力，想要维系自己作为红色传统文化品牌的崇高知名度和影响力，以此带动行业的发展，持续进行技术创新工作是必不可少的。出于对培养中小学生应具备的爱国主义文化教育的紧迫性的需求，社会上的民众同样也具备了红色文化和旅游的兴趣和需求，而这些影响因素必然为所有参加过红色文化建设的单位，提供了持续进行红色文化建设的活动和推进能力，军营村也是诸多单位中的一个。它坐拥独特的地理位置和文化产业的优势，因地制宜，结合当地地方历史文化和地方区域特色，扩大军营村红色文化影响力与发展空间，并以此打造文化特色营地，这又是促进其红色教育产业和旅游业发展的另一重要途径。其实在建设军营村的高山之前，福建省内不少地级市打造的研学基地已相当完备。以南安红色文化研学基地为例。"国之大事，在祀与戎"。近年来，南安地区相继开展了红色革命遗址文物调查、革命遗址文物安全巡回检查、推动修复红色革命遗址、革命遗址申报文保单位、完善其周边的配套设施等工作。通过诸多政策措施的落实，南安地区切实做好了红色革命基地的管理和保护工作，提升了革命遗址的公共服务水平，并将红色文化内容嵌入主题教育，更好地充分发挥了其社会教育的功能。

为了提升当地居民的精神水平，军营村也将研学活动与学校教育融合在一起。

首先，结合井冈山相关案例和军营村自身地理条件的共同特点，军营村意图将各特色课程模式与学段计划进行有机结合，从而形成具有高山特色的新型课程模式。首先，该模式需要教师依靠专科院校的课题组撰写针对小学高年级、初中、高中这3个学段的学生的研究性课程大纲，专科院校教师撰写各个专科学段的具体实施措施，同时也需要为相关教育部门与研究生学者提供细致的课程与学习指导。对于研究生的课程指导书也具体编排要求：教材内容丰富多彩、图文并茂，具体的学习内容中既包括研究生活动线的设计，也包括研学现场的作业和路线上的作业。在研学课程开发的同时，还需要组织科研学校针对具体的课程特点进行灵活实施，在具体的课程执行中如果发现问题，也需要及时加以修正。力求在开展红色研学活动中，逐步形成一种以"研学活动"为教育主线、以"体验性"为教育特点的分层递进式的军营村红色研学活动教育模式。

其次，根据每个学生具体需求和本班阶段的特点，灵活地采用了专题讲座教学、走读讲解教学、感官体验教学、扩散讲解教学、现场直播讲解等授课模式；可以采用多种多样的教学方式，例如，知识问答、抗战游戏、实地探索、科学考察、微电影拍摄、动手创意制作、学唱红歌、情境体验、专题探索讨论、小课题探究、汇报表演、征文比赛等不同形式。当然，根据具体的学段不同，所采取的教学模式也可能会随之有一些相应的改变。在以往的教学经验中，根据其他区域的研学实践表明，相较于传统的教育模式，这些丰富多彩的研学形式更受学生欢迎。

最后，为了规范中小学研学行为规范，推进研学旅行活动积极有序开展，政府及教育局还应重视选拔研学示范性学校以起模范作用。可以优先考虑选择 8 所高等院校作为研究生教育的示范性学校。其中，中学 5 所、小学 3 所。关于研学基地选拔研学示范学校，既要从根本上看研学基地的相关体系和制度建设是否健全，又需要看研学指导人员的配备是否落实到位，也需要对研学活动中取得的成效进行具体的考查。

四、军营村的乡风重在接力

中华优秀乡村传统民族文化的根本基础和崇高精神的根本内涵就是大力发展、弘扬中华民族的优秀乡村传统文化。而同安区作为一个历史悠久的农业地区，本身也被打上了农耕文明的烙印。自古以来，同安地区的人民皆守护并传承着农耕文明的遗产。历代以来，同安子弟金榜题名、科举蝉联者比比皆是，有着崇尚乡仕的习俗。同安人民崇尚乡规，将自己的生命信仰、情感归宿，都蕴含在自己的乡规之中。同安人民普遍崇尚本土的乡音，使得许多优秀的汉族文化和优良习俗得以保存与传承。同安地区的人民普遍崇尚唐代乡戏，至今仍有五大戏曲和戏种在同安地区广泛流传，被当地媒体称为"南戏遗响"，这些唐代戏曲和乡音至今仍在继承着唐代民间优秀古乐的表现和演奏遗风，这些戏曲与唐代戏剧无一不是国家甚至是世界级非物质文化遗产。

隶属同安区的军营村，在贯彻实行传统乡村文化振兴战略，促进传统乡村经济健康发展的同时，也一直努力地走传统乡村文化兴盛的道路，坚持注重培养和弘扬传统文明的乡风，良好的家风、淳朴的民风，有效地加深了村里文明的程度，挖掘了村里潜在的传统文化基因，使得乡风和文明焕发着蓬勃的、崭新的气象。

乡风文明建设，是我们国家乡村经济复苏的重中之重，有利于实现乡村经济复苏。乡村文明的建设，既需要继承优良传统文化，也需要发挥先进文化的带头作用。与此同时，也意味着我们要始终坚持和发挥乡村的社会经济本位与重要作用，坚持和尊重村民的社会经济主体地位，积极组织和开展各类文化宣传教育活动，提升全体村民的素质与农村风俗文明水平，有效促进经济社会健康发展需要的同时，也希望能够满足广大村民对于精神生活的需求。

在中共同安区委和县乡村经济振兴办以及莲花镇党委的大力支持和科学指导下，军营新农村始终秉承着努力实现农村绿色经济发展的经营理念。在不同级别的主管部门努力下，在精准帮扶贫困人家的同时，也为军营村持续发展提供内在动力，促使军营村从边缘的贫困村向百姓生活富裕、生态环境优美的现代化乡村进行转变。扶贫政策工作向一个纵深化的方式深入发展，帮扶的工作模式也从当年原本的"输血式"扶贫向如今的"造血式"扶贫进行了重大转变，这些举措也为实现社会主义新农村建设奠定了理想基础。

另外，在"高山茶乡"品牌理念下，"高山茶乡"绿色品牌文化逐步得到发展并成为福建省同安区着力实现区域绿色乡村经济社会发展和绿色乡村文化振兴的一个生动实践范例。

此外，如果要使军营村乡风文明建设工作能够保持长期良性的发展，还需要因地制宜地建立有效运行机制并坚持运作下去。推进乡风文明建设的关键人员是一众基层党员干部，建设核心人员是村级领导班子。党员干部能否发挥其管理能力，与乡风文明建设是否能顺利推进有着紧密关联，这关系到乡村各项工作的具体成果。良好的政治环境着力对干部政治品格的锤炼，构建促进乡村发展与建设，始终都是军营村党政建设工作中至关重要的一项核心内容。为此，更迫切地需从以下几个方面着手加以突破和改良：一是要进一步加强党组织的领导能力与树立全体党员的良好作风，弘扬忠于奉献、勇于担当、锐意改革、善于创新的社会主义政治品格与高尚人格；二是积极探索新的出路，谋求新的发展，弘扬实事求是、开拓新局、学习借鉴、攻坚克难的政治品格与创新工作能力；三是保持科学谋划战略，弘扬辩证思考、追求真理、高瞻远瞩、崇尚科学的政治品格与科研精神；四是响应环保宗旨与可持续发展理念，弘扬尊重自然、敬畏自然、善于谋划、善作善成的政治品格；五是为民务实工作，勇于担当，弘扬重视基层、勇于承担、关爱群众、绝对忠诚的政治品格。

除此以外，提升村民综合文化素质也是推进乡风文明建设并且长期保持良好发展的重要因素。村民综合素质的提高，必须充分地发挥社会主义教育信息传播作用，在高度重视基础教育、义务教育的同时，也要积极地开展小学生与成人教育工作，丰富其教育形式与具体内容，并进一步强化其教育引领作用，力求为村民培养出更多有文化、会管理、好经营并且符合国家与社会需要的新型现代农民。那么要做到以下几点：首先，要发展农村基础教育建设；其次，要重视成人教育工作，与基础教育并行。在强化村民知识涵养和生活技能之外，还要加强村民们的思想道德教育，倡导核心价值观，培养村民建设良好的爱国主义精神和集体主义精神。

美丽军营村的建设最终目标就是通过改善和提高那些住在当地村庄的村民生活幸福度指数。美丽乡村建设能有所成效的根本因素之一就是改善环境来增进村民的民生利益，使得村民能够真正切实地享受到美丽乡村建设成果，推进美丽的生态文明建设以及促进社会主义特色新农村伟大事业。因此，从军营村的规划、建设到经营管理，军营村自始至终都坚持建立良好的村民群众自主参与的机制，走"以人为本"之路，突出了村民自己作为议政主体的地位，注重工作实效，从而有限度地保障了政府有序地规划和建设美丽乡村，构建了村民们心目中所希望的美丽乡村，使二者和谐统一，而不只是政府的一厢情愿，更不是显示政绩或者用权谋私的外部形象性工程。

长久以来，党委政府都积极地发挥着引领作用，将村民认同度和村民的感受摆在首位。党委政府不仅在政策上明确了以村民作为社会经济治理的主体，以内部经济社会发展活动为主要驱动力的多元共治"乡村振兴"的逻辑，而且还能够充分发挥以村民作为社会经济治理的主体作用，以此提高村民参与意识的自觉性，推动我国乡村经济的振兴。为了构建内源型的治理方法，在充分吸取了先进管理经验后，军营村全体党员干部都自觉地转变思路，坚持以军营村村民群众为政治服务主体，在思想政治文化建设的基础上积极整合了科研、企业和村民力量，共同积极参与和建设美丽的军营村。党员干部通过以军营村村民群众活动为政治服务主体的社会公益参与机制，切实地提高了军营村村民的文化素质和人员自觉参与治理的意识，让我们的村民能够真正地成为美丽家园建设的主体和活动者，同时这一改革举措，也能够让我们的村民真正地拥有了知情权、参与权、决策权、监督权等人民应当依法享有的各种权利，真正地分享了美丽家园乡村建设的先进经验。

军营村作为新时代农村文化建设的一个重点地区，大力开展经济建设，推进先进的政治机制，大力开展新时代农村文明的建设，传承红色基因，铸就民族主义爱国情怀。这要求在开展红色文化建设的过程中，不仅要讲好一个个红色的故事，更需要有效地促进对红色文化资源和价值的转化，并且通过对历史文化价值的深入传播和对民族自豪感的培育，以增强新的一个时代中的人民对社会主义红色文化的自信。

从这个角度来看，军营村有明显的区域优势。首先，这里被认为是厦门同安区远近闻名的乡村农家乐和文化产业村、居民致富村。在我国20世纪八九十年代，军营村的各族人民依照习近平总书记的思想和指导经验，把本地最具特色的几项传统文化产业作为发展的基础，同时也结合当地独特的高山风貌以及优质的茶叶等自然资源优势，不断地发展旅游基础配套设施的建筑和服务，在提升当地旅游生态环境的基础上，以大力发展商贸形式，调整产业结构，转变经济和社会发展的方式，发展了如今已经建成并粗具规模的军营村红色文化开发和拓展人才培训基地、茶叶特色产业培养基地，同时也带动了旅游业的进步，使来军营村参观学习的广大游客们保持对旅游的兴趣和好奇心，并且具有长久的吸引力。而今，开发研学旅游项目正是军营村进行文化旅游产业拓展的重要途径。研学项目的第一要义是打造建设具有军营村特色的研学营地，不仅充分尊重革命传统，而且把体现革命传统的社会主义教育内容和爱国主义的核心价值观思想教育作为研学教育核心。在我们精心谋划红色研学旅游路线的整个过程中，始终坚持以人为本、寓教于乐，充分注重红色文化研学旅游的科学性和教育性的同时，兼顾参与性和趣味性，在过程中突显当地的文化特点和历史意义，从而促进红色文化产业与旅游产业形成有机地结合，使军营村能够在进行文化传播的同时，也能促进经济发展带动民生。

军营村是一个拥有悠久历史和深厚文化底蕴的古朴村落，村中构建了以传统农业文化、民俗文化和红色革命文化等为主要代表的闽南传统文化体系，千百年来，这样的历史和文化格局一直影响整个乡村社会文明发展的进程。而与军营村地理位置较近的晋江已有的发展模式，对开发军营村民俗文化具有一定的借鉴与参考意义。如今，军营村新时代的文明实践站已然在军营村内全部建成，当人们从村口望向村内，远远就能望见蜿蜒环绕着村子、被当地人称为"母亲河"的九龙溪。在九龙溪旁，褒歌广场、茶园遍地分布在两侧，溪水风声叮叮潺潺。

现已施行的"平改坡"改造措施让147栋老屋戴上了"新帽"，一座座旧居新屋交错着陈列在道路两旁，使原本破落的房屋焕发了新的生机。加上不断完善的生态修复工作，以及政府大力支持的生态文明建设工作，使得军营村如今已是"绿盈乡村"。当自然旅游资源越来越丰富了，那么军营村本身所具有的内涵丰富、生命力旺盛的传统文化旅游资源也就会随之越来越受到关注，成为当前厦门市旅游产业发展的一个新热点。由此，村民们依托于军营村内固有的民俗文化，加以传承，进一步改良发展传播，是为了实现其民俗旅游价值，同时也成了保护、开发与利用闽南民族传统文化资源的一个重要方式。对于军营村发展有着巨大的作用，同时对于目前中国其他地理位置不便、但风俗独特的古旧村落发展来说，也相当具有借鉴意义。

第三节 军营村乡风文明的历史沉淀

乡风文明是农村精神文明建设的根本所在。军营村把培育和践行社会主义核心价值观贯穿于农村文明创建活动的全过程和各个方面，将"文明种子"遍撒农村大地。

一、"立""破"并举，军营乡风民风美起来

军营村着眼农村和农民的生产生活特点，从良好行为习惯养成和价值观念普及入手，培育文明和谐的乡风民风。军营村深入开展"乡风民风评议""传统美德弘扬——好人榜"等主题教育实践活动，通过乡风文明大讲堂、农村文明随手拍、农民素质争优赛等途径，组织开展"好婆媳""文明家庭""好夫妻""好邻居""孝子（女）"等活动，引导广大农民尊礼仪、学礼仪、用礼仪，摒弃不文明陋习，培育崇德向善、诚信友善的民风。

思想是行动的先导，价值是行为的准则。近年来，军营村积极推进移风易俗、遏制农村陋习，大力培育新型农民优良家风、新乡贤文化。

过去，一些农村地区大操大办、天价彩礼、厚葬薄养等不良风气屡禁不绝，一直是文明乐章中的不和谐音符。立破并举，敦风化俗，一手抓管理约束、一手抓服务引导，军营村各地注重发挥村民议事会、道德评议会、红白理事会、禁毒禁赌会等群众自治组织的作用，大力倡导婚事新办、丧事简办，约定办事规模和标准，形成老百姓自己的"土规定""好规矩"。不少地

方还设立专门场所，免费给村民提供办事场地、司仪服务和文化活动，有的地方用道德讲堂为村民举办结婚、祝寿、升学等仪式，让村民留下美好的生活记忆。

新时代展现新风貌，推进乡风文明建设，需要春风化雨、润物无声。近年来，军营村将民风民俗、道德准则、科学知识、文明乡风，通过通俗易懂、接地气的"墙头文化"传递到农村的各个角落。这些文化墙，色彩鲜艳，形象鲜活，图文并茂，即使目不识丁者也能一目了然，看得明白。文化墙正在成为农民群众的"文明礼仪墙""道德教育墙""政策明白墙""科技指导墙""模范宣传墙"，成为搞"活"农村文化、育"实"乡风文明、创"新"成风化人的好载体。

二、文化惠民工程涵育乡村文化根脉

享有丰富多彩的文化生活是广大农民群众的殷切期盼。实施文化惠民工程是农村精神文明建设的重要举措，深受农民朋友的欢迎。

近年来，军营村组织开展"莲花褒歌"等系列群众文化活动，不断满足人民群众的文化需求。此外，军营村把"送文化"与"种文化"结合起来，让文化不仅被"送"到乡间，更被"种"进地里，村村都有文艺人，人人都有拿手戏，使农民群众的文化生活全面开花、多姿多彩。

军营村通过弘扬高山特色乡土文化，发挥文化的滋养和涵育作用，实现以文化育民、乐民、惠民，传承发展创新农耕文明，赋予传统乡土文化、高山文化以"时代内涵"和"大众味道"，真正让农村留住乡韵、记住乡愁。

三、党员示范，做乡村工作的践行者

党员模范家庭是一个闪亮的标签，我们村形成了普通户与党员一致、党员与模范户一致的激励模式。

2016 年，强台风"莫兰蒂"席卷厦门，我们与白交祠村两个村庄损失惨重。面对危机，村里的党员干部带头动员群众，带领群众开展灾后自救重建。短短几天，我们全村的生产生活秩序就得以恢复。在灾难面前，充分发挥了基层党组织的服务功能以及党员的核心带头作用。

四、建设美丽乡村，铺就乡村振兴底色

良好的生态环境既是传统乡土文化的重要内容，也是乡村振兴的重要方面。

现在每天来军营村参观、学习或体验旅游的人很多，吃完晚饭，大伙的身影，集中出现在一条从村中央穿过的浅浅的小溪旁。游客们尤其喜欢到处走走，三五成群唠嗑儿。走在乡间的小溪边，干净整洁的村落街巷使人感到舒服惬意。

这几年，军营村把生态文明建设列为重点工作，以开展垃圾分类为重要抓手，连续组织开展以"清洁家园"和"美丽庭院"为主题的环境综合创建活动，打造出一套乡村垃圾处理的军营新模式。

农村环境综合整治行动引发的蝴蝶效应，带来的不仅是乡村面貌的改变，更为经济增长、文化进步和为美丽乡村建设提供了动力和支撑。生态宜居与产业建设齐头并进，不断培育造就新型农民，进而形成文明和谐的社会风尚。

文明似一道绚丽彩霞，将军营村的乡村映衬得更加美丽。人们越来越清晰地看到，随着农村精神文明建设工作的深入推进，乡风民风、人居环境、文化生活日益美起来，农民群众的获得感、幸福感、安全感持续增强。农民精神新风貌、乡村文明新气象正在为军营村乡村振兴注入强大力量。

大事综记

1953 年，军营村实行土地改革。

1955 年，军营村成立互助组。

1958 年，军营村在四斗仑山顶修建了高山防空哨所。

1966 年，军营村开始有小学，1976 年上学的学生 126 名，老师 7 位。

1969 年，军营村开始修建牛心石水库，1974 年工程圆满完工。

1973 年，军营村在西古董种植杉木及竹林合计 500 多亩，为后来的高山开荒种林奠定基础。村民开始养牛、养鸡鸭，成为村民增收的重要渠道之一。

1976 年，军营村公路开始施工。

1977 年，军营、白交祠、西坑、淡溪 4 个村的 12 公里通村公路建成。

1980 年，军营村向同安县农业局申请 3 万元资金，开垦七仙岩茶场300 亩。

1981 年，军营村开始搞家庭联产承包责任制，1983 年、1984 年才真正包产到户，一个人能分到 7 分地，茶园能分到 3 亩地。

1981—1982 年，军营村整个村庄只有 2 个电视。

1984 年，军营村再次开垦虾堀尾茶园 100 多亩，后改种柿子增至200 亩。

1984 年，军营村有凤凰牌自行车，但要买自行车的票；20 世纪 90 年代初，村里已经有了三四辆摩托车。

1986 年，军营村建立茂峰茶厂。

1986 年，军营村村民开始大规模开荒种茶。

1988 年，军营村掀起植树造林的高潮，村民除了种茶，就是上山种树。

1989 年，军营村有了第一部个人购买的进口小灵通。

1990 年，军营村的茶园面积从 400 多亩增加到了 1000 多亩，村民的人均年收入从 200 多元涨到了 900 多元。

1991 年，军营村新建军营小学；2012 年对军营村小学进行了翻新修建，增加了电脑、图书室、多媒体教室、游乐设施等。

1994 年，军营村开办恒利茶厂，2000 年厂址迁至莲花镇。

1997 年，军营村着手策划成立老人协会。

1997 年，军营村建起特贸希望幼儿园。

1998 年，军营村成功引进祥裕茶业公司。

1998 年，军营村和白交祠村两村用电系统都并入了国家电网，实现了供电到户；2019 年底，建成了双回路供电系统。

1998 年，军营村村部开通了全村的第一台电话，电话逐渐在全村村民的家里普及。

1998—2019 年，同安电力局投入了 1 200 万元对军营村进行长达 20 年的农网改造。

1999 年，厦门市农技中心为军营村购买了 30 万元的制茶设备；同年，厦门市委农办投入 40 万元在军营村建设起了军营茶厂。

2000 年，投资 70 万元的军营村茶厂投入使用。

2007 年 8 月 28 日，莲花褒歌正式收录于福建省第二批省级非物质文化遗产名录；2019 年 7 月 22 日，莲花民族褒歌乐团首次公开登上了首届中国原生汉族民歌节的国家级民歌舞台。

2008 年，军营村开始进行老村改造。

2008—2019 年，湖里区金山街道为军营村建设了金山桥、金山路、金山文化广场等，共投入 290 万元；同一时期，厦门市委宣传部花费了 660 万元为我村建设村庄基础设施、文化民俗广场等。

2010 年，军营村村民高水银和其他几个村民带头创办了西营茶业专业合作社。

2013 年，军营村开始改造厕所；2018 年底完成了 4 座农村公厕的新建；2019 年 10 月，旅游公厕达到 AA 标准。

2013 年 9 月 2 日，军营村山顶突发大火，村民迅速开展自救，赶来的救援人员共有 400 多人。

2015—2019 年，依澄电器有限公司为军营村提供了物资，并建设老人活动中心等，共计 200 万元。

2016 年，高山党校成立。

2016 年，军营村遭遇台风"莫兰蒂"，次年，国家开发银行厦门分行为军营村灾后重建提供了 50 万元的资金支持。

2017 年，军营村和厦门百利公司合作建立了"军营红"番茄基地。

2018 年，军营村协办了厦门第十四届科学文化普及周嘉年华。

2018 年，莲花褒歌成为福建省第二批非物质文化遗产。2019 年 7 月，原创的《褒歌调·茶乡来了总书记》入选了国家级规格的演出。

2018 年，军营村 147 栋房屋全部完成了"平改坡"的改造工作。

2018 年，军营村迎来了多年来的第一场雪，观者如潮。

2018 年，军营村茶香明珠旅游合作社与厦门旅游集团下属文旅公司合资成立军营红乡村开发公司，并策划出"鹭江山居""军营山境"等民宿产品。

2018 年，为建设军营防空哨所周边的路灯和绿化等，金圆集团为军营村投入了 15 万元。

2018 年，军营村开始积极推进"一革命四行动"，即厕所革命、农村垃圾治理行动、农村污水治理行动、农房整治行动和村容村貌提升行动。

2019 年，在思明区文化馆的一楼大厅举行了"大美军营村"短视频大赛颁奖仪式。

2019 年，"高山上的阅读"第一节课在白交祠教学点举行。

2019 年，厦门市农商银行为军营村捐赠了 4 部旅游观光车，价值 42 万元；同年 9 月，高山乡村民宿管理平台投入运营。

2020 年 6 月，莲花镇被列入福建省级乡村治理示范乡镇名单。

2021 年 2 月，司法部、民政部，命名军营村为第八批"全国民主法治示范村（社区）"。

2021 年，军营村组织编纂"村志"。

附　　录

本附录包括两个方面的内容，一是军营村获奖荣誉；二是军营村古迹、旅游景点介绍。

附录一　军营村获奖荣誉

军营村取得过许多荣誉，附表 1 是军营村 2010—2019 年所取得的荣誉。

附表 1　军营村 2010—2019 年所取得的荣誉

序号	类别	获得的荣誉	单位	获奖时间
1	国家级	全国"一村一品"茶叶示范村	农业农村部	2011.08
2		2015 年中国最美休闲乡村	农业农村部	2015.10
3		全国文明村镇	中央精神文明建设指导委员会	2017.11

序号	类别	获得的荣誉	单位	获奖时间
4	省级	福建省生态村	福建省环保厅	2010.12
5		福建省文明村	福建省委、省政府	2015.04
6		四星级乡村旅游村	福建省乡村旅游服务质量等级评定委员会	2018.10
7		福建省美丽乡村文明建设示范村	福建省精神文明办公室办	2016.02
8		全省美丽乡村建设典型示范村庄	福建省住房和城乡建设厅	2017.10
9		福建省五四红旗团（总）支部	共青团福建省委	2017.05
10		福建省先进基层党组织	中共福建省委	2016.07
11		福建省金牌旅游村	福建省住建厅	2019.05
12	市级	厦门市文明村	厦门市委、市政府	2012.12
13		厦门市先进基层党组织	中共厦门市委	2014.12
14		厦门市平安和谐创建示范村	厦门市社会治安综合治理委员会	2015.04
15		农村人居环境提升试点村	厦门市委、市政府	2018.08
16	区级	农村"家园清洁活动"达标优胜村庄	同安区人民政府	2009—2015年（连续当选）
17		2011年平安先进村	同安区社会治安综合治理委员会	2012.01
18		深入开展创先争优活动先进基层党组织	中共同安区委	2012.06

除附表1所列之外，军营村还获得以下荣誉：

2020年1月3日，中央农村工作领导小组办公室、农业农村部、中央宣传部、民政部、司法部关于公布全国乡村治理示范村镇名单的通知，军营村位列其中。

2020年1月19日，国家林业和草原局关于公布第一批国家森林乡村名单的通知，军营村位列其中。

2020 年 8 月 26 日，军营村入选第二批全国乡村旅游重点村名单。

2021 年，司法部、民政部，命名军营村为第八批"全国民主法治示范村（社区）"。

附录二　军营村古迹、旅游景点介绍

军营村著名古迹、旅游景点有：初心使命馆、防空哨所（战地古堡）、七彩池、半亩方塘、金山阁、关帝庙、扶贫旧址、九龙溪、古寨遗址等。

初心使命馆坐落在军营村村口的高山党校内，这是一条经典党建路线，来此参观学习的人络绎不绝，各级党支部都组织人员前来参观学习。

防空哨所（战地古堡）矗立于军营村西边山巅，又名"战地古堡"，这是一座充满爱国主义情怀的战时哨所，更是军营村主要红色教育基地之一。

七彩池位于军营村村口附近，与军营村相距约 3 公里。军营村七彩池素有"闽南小九寨沟"的美誉，其形如月牙，色彩魔幻，绿水青山环绕，宛如大自然赐予的瑰宝明珠。

半亩方塘位于军营村的一处山岭上，这里有南宋时期理学大家朱熹的《观书有感》诗句石刻。诗云："半亩方塘一鉴开，天光云影共徘徊。问渠那得清如许，为有源头活水来。"

金山阁坐落于东南金山上，是一座 3 层琉璃塔，也是军营村的"坐标"之一。它宛如一座指明灯塔，屹立不倒。登临金山亭，还可以远眺同安城区，视野非常广阔，让人心旷神怡、豪情万丈。

关帝庙坐落于东边山间，庙宇金碧辉煌，庄严肃然，还有着精彩绝伦的神话故事，为其增添了不少神秘色彩。通向庙宇的是"7"字形石阶，对许多人来说也是一个挑战。

　　扶贫旧址的保存是为了"吃水不忘挖井人"。众所周知，军营村在以前是个偏僻、贫穷、落后的小山村，后来在脱贫攻坚的国家战略下，又赶上了乡村振兴的东风，在各级领导的关怀下，军营村成功脱贫，摇身一变，成为远近闻名的新时代新农村。如今的军营村变得干净整洁、富美一方。为了时刻谨记带头者，军营村的扶贫旧址保存至今。

　　九龙溪横穿军营村整个村庄，溪水从村头流向村口，整条溪的水都是源于军营村周边群山的山泉，清澈见底，透彻心凉。经过改造，九龙溪也从原来的小溪流，变成了极具观赏价值的军营村步行游览道，小朋友嬉戏在溪水道，仿佛回到了最初的美好。

　　古寨遗址位于同安区莲花镇军营村寨仔庵山顶，海拔高度929米。残存寨墙围绕山顶而建，平面略呈椭圆形，东西长22米，南北宽19米。西侧保留一寨门，宽1.3米，厚1.8米，残高0.6—1.2米。南侧寨墙旁建有石构的小龛，用于供奉土地神。目前已纳入军营村旅游景点规划之一。

　　除了上述几处，军营村还有许多美景，如带有闽南古韵的古民居，错落有致的茶园梯田，高山淡水湖泊军营村牛心石水库，神秘莫测的风动石、金蝉观天石，还有别致的郑成功将军寨等。此外，军营村附近的内田村、小坪森林公园、太华岩摩崖石刻、"同"字厝、铜钵岩石佛、安乐村塔等景点亦各具特色，有许多游客到此观光。

参考文献

［1］吴耀东，卢漳华. 看同安军营村白交祠村：穷乡绣壤致富路［EB/OL］.（2017-09-02）［2023-05-01］. https://www.sohu.com/a/169098592_99960755.

［2］李忠杰. 新中国 70 年贫困治理的历程和经验［J］. 社会治理，2019（7）.

［3］王敬尧，魏来在. 当代中国农地制度的存续与变迁［J］. 中国社会科学，2016（2）.

［4］宋旭超. 休闲农业与"美丽乡村"建设协同发展问题研究［J］. 哈尔滨师范大学社会科学学报，2018，9（4）.

［5］夏秋月，萧霖. 高山之巅写传奇——记省先进基层党组织厦门军营村党支部［J］. 海峡通讯，2019（7）.

［6］厦门发布. 殷殷嘱托铭记在心肩负使命续写传奇［EB/OL］.（2018-06-24）［2023-05-01］. https://news.sina.com.cn/c/2018-06-24/doc-iheirxye9387822.shtml.

［7］杨心亮. 厦门同安区：谱写乡村振兴新篇章［N］. 中国商报，2018-10-28（3）.

［8］冯巧凤. 十八洞村四川首映 展现"精准扶贫"丰硕成果［N/OL］.（2017-10-12）［2023-05-01］. http://sc.cri.cn/20171012/a60c4e05-54b2-5425-13fe-

8d7ab8003710.html.

［9］韩家慧. 习近平同志推动厦门经济特区建设发展的探索与实践［N/OL］.
（2018-06-22）［2023-05-01］. http://www.xinhuanet.com/politics/2018-06-22/
c_1123022140.htm.

［10］中共中央国务院. 乡村振兴战略规划（2018—2022年）［EB/OL］.（2018-
09-26）［2023-05-01］. http://www.rmzxb.com.cn/c/2018-09-26/2178050_8.
shtml.

［11］中共中央国务院关于当前农业和农村经济发展的若干政策措施［EB/OL］.
（2007-06-07）［2023-05-01］. http://www.ce.cn/xwzx/gnsz/szyw/200706/07/
t20070607_11637806.shtml.

编 后 记

　　《走进军营村——高求来讲述山村巨变》一书终于编撰完成了。定稿之际，余绪萦头，在这里，笔者把编撰过程中的心得体会、取得的经验以及得到的支持等告诉读者朋友，让读者朋友了解本书的编撰背景和编撰意图，这样有助于读者判断本书的价值，掌握阅读重点，从而提高阅读本书的兴趣；同时也借此机会请大家不吝赐教，而这对所有地方志编修者来说，都将具有参考、借鉴和启发的意义。

　　就村志的重要性而言，村落是最小的社会细胞，中国人大部分生活在里面或从中出来，但其在中华民族发展中的意义，对每个人生活习惯和人格铸造的影响，还远未被人们所认识。而以村落为主的村志，一册在手，乡人阅后会泛起眷眷乡恋之情，外人看了会生出一顾此地之念。其撩人之处，就在于村志呈现出来的赤橙黄绿青蓝紫的多彩，写的是乡民柴米油盐酱醋茶的生活，记的是风风火火、泼泼辣辣的风情。以村落为主编撰村志，实不亚于《诗经》对中国乡土文化的展现。

　　就村志的选材范围和资料使用的客观性、严谨性来讲，虽然村志是一村之全史，但编撰材料的选择不是要面面俱到，没有重点地眉毛胡子一把抓；

同时文字表述、记载史实必须采用"史笔"，即秉笔直书，这是史志家直言记载史实的一种笔法。村志是地方志的一种，而地方志是时代的产物，具有强烈的时代感，时代性是地方志在时间方面的重要特征，这也是编撰村志需要遵循的一个重要原则。因此，写军营村，重点就是写军营村在新时代的发展变化，以体现出村志的时代特点、地方特点和行业特点。虽然"江山代有人才出，各领风骚数百年"，但"数风流人物，还看今朝"。本书之所以用大量篇幅、从不同侧面记述军营村的乡村蝶变历程，其原因就在这里。

编撰新时代的村志，应该注重宣传中国共产党所肩负的时代使命和所取得的成就，这一点应该是经验之谈。在这方面，军营村的基层党组织及党员干部交出了一份人民满意的答卷，特别是 86 年以来，军营村的高求来、高泉国、高泉阳、高泉伟等村两委主干带领导党员干部群众做好了村庄环境整治与人居环境改善工作，扎实推动了乡村产业、人才、文化、生态、组织的振兴，有目共睹的乡村巨变及所获的荣誉就是证明。而军营村的党员干部自身所体现出来的"先进性"，尤其应该予以大书特书。

西汉宗室大臣、文学家刘向的《说苑·政理》有云："故善为国者遇民，如父母之爱子，兄之爱弟，闻其饥寒为之哀，见其劳苦为之悲。"意思是说，善于治国、谋国、爱国的人，他们对待人民就如父母疼爱自己的孩子，兄长爱护自己的弟弟，看到人民饥寒交迫就为他们感到悲哀，看到他们劳累痛苦，就为他们感到痛心。高求来是一位有近 60 年党龄的退休老党员，担任军营村党支部书记 28 年，经历过一贫如洗、艰苦卓绝的岁月。作为一个土生土长的军营村人，他对自己家乡的感情，可谓至深至切。他认为，为人民服务，是一种工作态度、一种职责所在，是对乡亲们的承诺，也是共产党人需要坚定的为民情怀。他不仅在任期间带领全村人做好修水库、修路、通电等工作，在卸任以后还想着怎么样把集体事业做大。他常常思考的问题是：现在村里茶的数量多了，但要提高质量，这样才能引到全国，而且如果茶叶价格上升，出去打工的人就会回来了；军营村旅游业现在是旅游公司在运营，怎么经营管理才能搞得更好？要把民宿作为军营村的重要经济收入；蔬菜要有规范的大棚，要发展到村民常年有菜吃；生态方面，树的栽种和规划要给人以欣赏，要栽种四季开花的植株，让村里人和游客四季都有花看；要更好地解决军营村游客的吃饭问题，可以发展美食街，或者集中搞吃饭的地方，而且要把口味做出来，还要让游客有好的娱乐活动，有娱乐的地方……

村志编撰完成，主要靠大家。要感谢军营村为本书提供资料的所有人，他们提供的采访录音、军营村实景图片是不可或缺的。感谢集美大学（同安）乡村振兴研究中心这样一支乡建专家智库团队，他们在乡村文化振兴、农业人才培育、示范村镇打造、科研成果转化、高端智库咨询和学术成果交流等方面所做的努力，使得本书的编撰有了更多的资料依据。还要感谢中北创艺（北京）文化传媒有限公司的杨仲麟老师，传资料，说想法，提建议，为笔者的编撰工作提供了不可替代的帮助。

写到这里，笔者仿佛看到了全国未来乡村的模样：在"必须坚持人民至上"的世界观和方法论的引领下，在万千党员干部和万千农民群众的共同努力下，乡村田园变公园、村庄变景区、农房变客房、资源变资产……万千美丽乡村产业富美、环境秀美、生活甜美，绿水青山的好风景变成金山银山的"好钱景"，千般姿态，万种精彩，各美其美，美美与共。